Cómo Vivir y Prosperar en Estados Unidos

How to Live & Thrive in the U.S.

Cómo Vivir y Prosperar en Estados Unidos

Consejos para ayudarlo
a adaptarse y hacer
su vida mas fácil

How to Live & Thrive in the U.S.

Tips to help you fit in
and make your life easier

Donna Poisl

Live and Thrive Press
Tucson, Arizona

To order copies of this book, see inside back cover.

This book is available at special quantity discounts for bulk purchases for special promotions, premiums, fund raising or educational use. Special books or excerpts can be created to fit specific needs.

For quantity pricing details, write
Live & Thrive Press, P.O. Box 32215, Tucson, AZ 85751-2215
or go to our website: www.HowToLiveAndThrive.com

To contact the illustrator, Corasue Nicholas, write to her at
Live & Thrive Press, P.O. Box 32215, Tucson, AZ 85751-2215

Para ordenar copias de este libro, vea la parte de adentro de la cobertura trasera.

Este libro esta disponible con descuentos por mayor, para promociones especiales, premios, re-colección de fondos o uso educacional. Libros especiales o partes del libro pueden ser creadas para sus necesidades especificas.

Para detalles de precio por cantidad, escriba a Live & Thrive Press, P.O. Box 32215, Tucson, AZ 85751-2215 o vaya a nuestra dirección de correo electrónico: www.HowToLiveAndThrive.com.

Para contactar al ilustrador, Corasue Nicholas, escríbale a
Live & Thrive Press, P.O. Box 32215, Tucson, AZ 85751-2215

Parte de las ganancias de este libro van hacia estas instituciones benéficas:
Part of the proceeds of this book goes to these charities:
Heifer International, 1-800-422-0474, www.heifer.gov
ProLiteracy Worldwide, 1-888-528-2224, www.proliteracy.org

Translation/Traducción:
International Agency, Gastonia, NC, 704-865-4456

Back cover photo: Henderson Studio, Gastonia, NC

Published by
Live & Thrive Press, Tucson, Arizona 85751-2215

Library of Congress Control Number: 2003098227
ISBN: 0-9747155-1-4

Printed in the United States of America

Thank You

There are many people to thank: my friend Corasue Nicholas who did all the drawings, my editors, Tom Marshall and Laura C. Russell and my friends Carolyn Russell and Martha Munera, who reviewed it and gave me their thoughts. Thanks to my daughter, Sally Cattouse who helped with the cover and prepared it for the printer, my son Howard Poisl who helped with several different parts of the process and his brother-in-law, Marco Vidal who read an early draft and gave me his thoughts and suggestions. Thank you to my sister, Jean Clark, for listening and giving me her ideas and Michael Ing for his review and encouragement. Thanks for all the ideas and suggestions I received from Stephen O. Stewart, Ph.D., Rose Prieto of LARASA, Carlos Soto of NHCC, Manuel Hidalgo of Spanish Catholic Center, Washingon, DC and Angie Armand of CHPRD.

I want to thank my mentors, Robert G. Allen and Mark Victor Hansen, who always say "Everyone has a book in them" and convinced me that this book that I had started several years ago could and should be completed. I also want to thank Bob Kokott for helping me figure out how to pay for it and John Kremer for his marketing advice.

I especially want to thank the translation team of Gustavo Salazar, Clara Alvarado, Vanesa Ibáñez, Clara Patterson, Jorge Salazar, Nory López, Joe Amaya and Viridiana García headed by Elizabeth Salazar McConnell, owner of International Agency. They also helped edit the English version and gave me many good suggestions, too.

Gracias

Hay muchas personas a quien agradecer: Mi amiga Corasue Nicholas quien hizo todos los dibujos, mis editores, Tom Marshall y Laura C. Russell y mis amigas Carolyn Russell y Martha Munera, quienes lo revisaron y me dieron sus ideas.

Gracias a mi hija, Sally Cattouse quien ayudó con la carátula y lo preparó para la imprenta, mi hijo Howard Poisl quien ayudó con muchas partes diferentes del proceso y su cuñado, Marco Vidal quien leyó el borrador y me dió sus opiniones y sugerencias. Gracias a mi hermana, Jean Clark, por escucharme y por darme sus ideas y Michael Ing por revisarlo y por su empuje. Muchas gracias por todas las ideas y sugerencias que recibí de Stephen O, Ph.D., Rose Prieto de LARASA, Carlos Soto de NHCC, Manuel Hidalgo de Centro Catolico Hispano, Washington, DC y Angie Armand de CHPRD.

Quisiera agradecer a mis mentores, Robert G. Allen y Mark Victor Hansen, quienes siempre dicen "Todo el mundo tiene un libro dentro de ellos" y me convencieron que el libro que comencé hace años podía y debería finalizarlo. También quiero agradecerle a Bob Kokott quien me ayudó a decidirme, como pagar por ésto, y a John Kremer por sus consejos de mercadeo.

Un agradecimiento en especial al equipo de traductores: Gustavo Salazar, Clara Alvarado, Vanesa Ibáñez, Clara Patterson, Jorge Salazar, Nory López, Joe Amaya y Viridiana García dirigidos por Elizabeth Salazar McConnell propietaria de la compañía International Agency quien también me ayudó a corregir la versión en Inglés y me dió muchas sugerencias.

Contents

Contenido

Cómo Vivir y Prosperar en Estados Unidos

Consejos para ayudarlo a adaptarse y hacer su vida mas fácil

How to Live & Thrive in the U.S.

Tips to help you fit in and make your life easier

Donna Poisl

Drawings by Corasue Nicholas

Welcome to the United States!

You might have just moved here or maybe you're thinking about moving here. You may have lived here several years and still struggle with some things. This book has been written to help you find the everyday things you need so you can fit into this country better.

You'll find that many things you have to do here are done differently than they're done in your country. Some are the same, but many are not.

I'll give you some practical information and tips to help you choose a bank, get health care or medical insurance, get a car, a credit card and much more.

This book is printed with English on the left pages and your language on the facing pages. This way, you can use whichever language is easier for you and also practice the other one at the same time. Or, if you have family members help you with it, one can use the right hand side while the other person is reading the English side.

Whenever you go to social services offices, banks and other offices, you will almost always find brochures in English. Take one to keep at home, it will give you the local information and telephone numbers for their office. Ask if they have brochures in your language and if they do, take one or two of these, too.

This book will give you general information, addresses and phone numbers and some website addresses. Most importantly, it will help you figure out where you can find the precise information you need.

If I only give you a website address and you don't have a computer, you can use the computer at your library with no charge.

Some people reading this book and looking for information will be very well educated, others won't be. I have tried to make it useful for everyone. So if some things in it are too difficult or other things too easy, I hope you can get at least some information you can use.

Often the hardest part of learning something new is figuring out where to start looking for information.

¡Bienvenido a los Estados Unidos!

Pueda que se halla acabado de mudar aquí, o esté pensando en mudarse. Pueda ser que halla vivido aquí por muchos años y todavía esté luchando con algunas cosas. Este libro ha sido escrito para ayudarle a encontrar las cosas cotidianas que necesite para poder adaptarse mejor en este país.

Encontrará que muchas cosas que tiene que hacer aquí son hechas diferente que en su país. Algunas son iguales, pero muchas no la son.

Le daré información practica y consejos para escoger un banco, obtener cuidado médico o seguro médico, un carro, una tarjeta de crédito y mucho más.

Este libro está escrito en las páginas de la izquierda en Inglés y en las páginas de la derecha en su lengua. De ésta manera puede usar el idioma que le sea más fácil a usted y al mismo tiempo practicar el otro. O, si tiene miembros de la familia que puedan ayudarle, uno puede usar el lado derecho en Español, mientras la otra persona esté leyendo el lado izquierdo en Inglés.

Cuando vaya a las oficinas de Servicio Social, bancos y otras oficinas, casi siempre encontrará folletos en Inglés. Llévese uno para que lo tenga en la casa, este le dará la información local y los números de teléfonos de esas oficinas. Pregunte si tienen folletos en su idioma y si tienen, tome los que necesite.

Este libro le dará información general, direcciones y números de teléfonos y algunas direcciones de correo o páginas Web. Lo más importante es que, le ayudará a encontrar la información precisa que necesite.

Si solamente le dan la dirección de la página Web y si no tiene computadora, puede usar la computadora de la biblioteca gratis.

Algunas personas que estén leyendo éste libro y buscando por información serán bien instruidos, otros no lo serán. Yo he tratado de hacerlo útil para todo el mundo. Por lo tanto, si algunas cosas son difíciles y otras muy fáciles, espero que pueda obtener alguna información de su utilidad.

Casi siempre la parte mas dura aprendiendo algo nuevo, es decidir donde comenzar a buscar la información.

Local Telephone Books

One of the most important sources of information you can have is your local telephone book and it is free. Look through the telephone book and become familiar with it, it is an excellent resource.

When you have a telephone installed in your apartment or house, you'll receive the local telephone books every year and often can request a duplicate book. If you don't have a telephone installed yet, the public library has all the local telephone books for you to use while you are there. It is a good idea to keep a telephone book in your car so you can look up an address while you are away from home.

Emergency numbers are usually on one of the first two or three pages in any telephone book. This will tell you if you should call 911 in an immediate emergency and will give you the other important numbers to call for other emergencies. Make sure everyone in your family knows to call 911 in a real emergency and where to find the other emergency numbers, which you call directly. If you are not able to get through to 911, you should call the other emergency number listed.

Other emergency numbers listed on this page will usually be for ambulances, reporting missing persons, U.S. Marshall, reporting missing children, FBI, poison center, highway patrol, mental health or suicide helplines and others. These numbers should be called instead of 911, since 911 is for an *immediate* police, injury or fire emergency.

> The telephone book is the best all-purpose resource book you can have and it is FREE!

Large cities have separate white pages and Yellow Pages books, smaller cities combine them in one book, the white pages at the front and Yellow Pages at the back.

If your city has separate white and Yellow Page books, you will find different information at the front of each. The white page book will have local telephone company information, how to use your telephone service, calling rates, area codes and long distance information and emergency information.

The front section of the Yellow Page books often has ZIP codes, local maps and a street index, listings and descriptions of places to go for fun and recreation, local sports information, museums, libraries, schools, hospitals, recycling locations, post offices, government offices, helplines and more.

The front of the combination white and Yellow Pages book has the same information as the front of the white pages book (local telephone company information and the emergency information) and also has very useful community information, although the information will probably not

Guía Telefónica Local

Uno de los recursos de información más importantes que puede tener, es su guía telefónica local, y ésta, es gratis. Revise su guía y familiarícese con ésta, es un recurso excelente.

Cuando instale el teléfono en su apartamento o casa, usted recibirá la guía telefónica local cada año y a menudo puede pedir copias de la guía. Si todavía no tiene teléfono instalado, la biblioteca pública tiene las guías teléfonicas para que las use mientras este allí. Es buena idea tener una guía telefónica en su carro para encontrar una dirección cuando esté fuera de la casa.

Los números de emergencia están usualmente en las primeras dos o tres páginas de cualquier guía telefónica. Esto le dirá si debe llamar al 911 en caso de emergencia y le dará los otros números importantes para llamar en caso de otras emergencias. Asegúrese que todos en su familia sepan llamar al 911 en caso de vida o muerte y donde encontrar los otros números de emergencia, a los cuales puede llamar directamente. Si no puede comunicarse con el 911, llame a los otros números de emergencia en la lista.

Otros números de emergencia señalados en esa página son usualmente para ambulancias, personas y niños reportados desaparecidos, Jefatura de Policía de USA, FBI, Centro de Envenenamiento, Patrulla de Carretera, Salud Mental, o Línea de Suicidio y otros. Estos números deben ser llamados en vez del 911, ya que el 911 es para la policía *inmediata*, heridas o emergencia de incendio.

Ciudades grandes tienen guías, telefónicas separadas en páginas blancas y páginas amarillas, ciudades más pequeñas combinan las dos en una guía, las páginas blancas al principio y las amarillas al final.

Si la guía de su ciudad tiene páginas blancas y amarillas separadas, usted encontrará diferente información al principio de cada una. La guía de páginas blancas tendría la información de la compañía de teléfono local, como usar su servicio de teléfono, tarifas de llamadas, códigos de área, información de larga distancia y emergencia.

La sección inicial de la guía de las páginas amarillas frecuentemente tienen códigos postales, mapas locales y el índice de las calles, lista y descripción de lugares para ir a divertirse y recrearse, información de los deportes locales, museos, bibliotecas, escuelas, hospitales, lugares de reciclaje, oficinas de correo, oficinas del gobierno, líneas de ayuda y más.

> *¡La guía telefónica es el mejor libro de recursos que puede tener para todos los propósitos y ésta es GRATIS!*

El inicio de la guía telefónica combinada en páginas blancas y amarillas tiene la misma información que al comienzo de las páginas blancas (información de la compañía local de teléfono e información de emergencia) y también tiene información de la comunidad, sin embargo la be quite as extensive as in the Yellow Pages book.

Almost anything you have to find is in the telephone book. You just have to figure out how to find what you are looking for. That, very often, is the hardest thing to do. And another problem is that some telephone companies might arrange their book differently than others. If you get accustomed to the way one city's book is arranged, and move to a different city, you'll discover that some things in your new book are different.

Finding Government Numbers

White page books often have a section that has a blue border or possibly blue pages, that lists all the city, county, state and federal government numbers that they think you will need. If your white page book doesn't have the government blue pages, it probably lists them at the front in the section with community information, so check your individual book.

Government offices are usually listed in the regular listings in the white pages, too. For example, if you are in the state of Illinois, look in "I" for "Illinois, State of" and all the state government offices will be listed. Do the same thing for the name of your county and the name of your city to find the county and city offices.

Finding an Alphabetical Listing

The names in the white page section are alphabetical by last name. Sometimes it is difficult to find a name. You might not be sure which of the names is listed first, so try all the combinations you can think of. Try different spellings, too.

The word "The" in the name of a business will be at the end of the listing, not at the beginning of the "Ts". For example, The Shrimp Boat Restaurant will be listed as "Shrimp Boat Restaurant, The" in the "Ss".

At the beginning of each letter of the alphabet, the names that have an initial in the title will be listed first. For example, G Food Store and GD Consultants will be at the beginning of "G" and P & A Welding will be at the beginning of "P".

Names that begin with St. are listed as if the word is spelled out, so if they are not listed in "St", you'll usually find them in "Saint". If the name of a company has a number at the beginning, spell the number out. An example would be 1st City Bank, look in "F" for First City Bank.

Finding a Business Listing

Some cities that combine white and yellow (and blue) in one book, misma probablemente no será tan extensiva como en la guía de páginas amarillas.

Casi cualquier cosa que quiera encontrar está en la guía telefónica. Usted solamente tiene que deducir como encontrar lo que está buscando. Eso, muy a menudo, es la cosa más difícil de hacer. Y otro problema es que algunas compañías de teléfono pueden poner en orden sus guías diferentes que otras. Si usted, está acostumbrado a la manera en que la guía de una ciudad está ordenada, y se muda a otra ciudad, descubrirá que algunas cosas en la nueva guía son diferentes.

Buscando Números de Gobierno

La guía de páginas amarillas frecuentemente tiene una sección que tiene un borde azul o posiblemente páginas azules, éstas tienen listas de todos los números de ciudades, condados, estados y gobierno federal que ellos piensan que van a necesitar. Si su guía de páginas blancas no tiene las páginas azules del gobierno, ésta probablemente las enumera al inicio, en la sección con la información de la comunidad, por lo tanto revise su guía individual.

Oficinas del gobierno usualmente también están enumeradas en la lista regular de las páginas blancas. Por ejemplo, si usted está en el Estado de Illinois, busque en la "I" por "Illinois, State of" y todas las oficinas del gobierno del estado estarán en el listado. Haga la misma cosa con el nombre de su condado y ciudad para encontrar sus oficinas respectivas.

Buscando una Lista en Orden Alfabético

Los nombres en la sección de las páginas blancas están alfabéticamente por apellido. A veces es difícil encontrar un nombre. Pueda que no estés seguro cual de los nombres está en la lista primero, por lo tanto trate todas las combinaciones que pueda pensar. También trate de deletrearlo diferente.

La palabra "The" en el nombre de un negocio estará al final de la enumeración, no al principio de las "T". Por ejemplo "The Shrimp Boat Restaurant" estará enumerado como "Shrimp Boat Restaurant, The" en las "S".

Al comienzo de cada letra del alfabeto los nombres que tienen una inicial en el título serán enumerados primero. Por ejemplo, G Food Service y G D Consultant, estarán al comienzo de la "G" y P & A Welding estará al comienzo de la "P".

Los nombres que comienzan con ST, están en el listado como si la palabra estuviese deletreada, usualmente los encontrará bajo "SAINT". Si el nombre de la compañía comienza con un número, deletree el número. Un ejemplo sería 1st City Bank, busque en la "F" por First City Bank.

Buscando un Listado de Negocios

Algunas ciudades combinan páginas blancas, amarillas y azules en una guía; también tienen otra sección que enumeran solamente los negocios, los cuales son marcados con un borde gris; en esas guías las páginas blancas also have another section, often with a border in grey, that lists only businesses. The white pages in those books will list only residences.

Yellow Pages have business ads on each page in addition to the alphabetical listings for all the businesses. (The white pages only have the names, addresses and phone numbers, with almost no ads.) All the businesses are divided by the type of business they are. Sometimes a business will have its listing in more than one category. There is often an index of all the categories somewhere in the Yellow Pages. Look at different categories you think the company you are looking for might be listed under. The index will tell you what pages the categories are on.

> *It can be confusing to find things in the telephone book. Don't give up!*

Use your imagination to figure out what category a company is listed in, sometimes they are very hard to find. People who have lived here all their lives have trouble finding certain businesses and names, so don't feel bad if you have trouble with it. Sometimes you just have to call the one you think is the right one and if it isn't, ask that person if they know what number you should be calling.

If you finally get to the company you are looking for and find yourself in a voice mail system with a puzzling choice of departments to pick from and can't get to a live person to ask a question–*try pushing 0.* Often (not always), this will get you to the receptionist. If you find yourself back in the menu of choices, try pushing the star/asterisk (*) button, this might get to the receptionist.

If You Can't Find a Name

Calling 411 will usually get an operator who can help you find a listing that you are having trouble with. There is often a charge to use this service, so use the telephone book if you can.

Some cities only give local numbers by calling 411: for a long distance number you'll have to call 1-(the area code you want)-555-1212. If neither of these numbers help you, try dialing 0, this will usually get an operator who can help you.

If you are looking for a toll free number for a company, dial 1-800-555-1212. There may be a charge for this service, too.

The telephone book is often confusing and it might be hard to find a name, but it is there – somewhere. Keep looking and while you are looking for a name, you'll discover other important things that are in there. It should be the first place you go to find something.

And the best thing about this book is that it's free!

enumeran solamente residencias.

Las páginas amarillas tienen avisos de negocios en cada página, en adición a la lista alfabética de todos los negocios; (las páginas blancas solamente tienen nombres, direcciones y números de teléfono, casi sin avisos. Todos los negocios están divididos por el tipo de negocio que es. Algunas veces un negocio estará en la lista en más de una categoría. A menudo hay un índice de todas las categorías en algún lugar de las páginas amarillas; busque las diferentes categorías que usted piense donde puede estar localizada la compañía. El índice indica en cual página están las categorías.

Pueda que sea confuso encontrar algunas cosas en la guia telefónica. ¡No te des por vencido!

Use su imaginación, descifre en la lista en que categoría se encuentra una compañía, algunas veces éstas son muy difíciles de encontrar. Personas que han vivido aquí toda su vida tienen problemas encontrando ciertos negocios y nombres, por lo tanto no se sienta mal si tiene problemas con esto algunas veces, simplemente llame al que piense que está correcto y si no es, pregúntele a esa persona si sabe a que número debe llamar.

Si usted finalmente encuentra la compañía que está buscando y se da cuenta que le responde un sistema de contestador y no una persona a quien hacerle la pregunta, *oprima el 0*; algunas veces (no siempre) eso lo transferirá a la recepcionista; si se encuentra de regreso en el menú de selección, presione el botón del asterisco (*) esto lo puede comunicar a la recepcionista.

Si no Puede Encontrar un Nombre

Si usted llama al 411 usualmente le contestará una operadora quien le podrá ayudar a conseguir el nombre o número con el cual está teniendo problemas. Hay un cobro cada vez que use este servicio, así que use su guía telefónica mientras pueda.

Algunas ciudades solamente dan números locales cuando llama al 411; para números de larga distancia usted tendrá que marcar el 1-(más el código de área que necesite)-555-1212.

Si usted está buscando por el número sin cobro de una compañía, marque el 1-800-555-1212, para obtener dicha información; quizás haya un cobro por este servicio también.

La guía telefónica a menudo es confusa y en ella puede ser difícil encontrar un nombre, pero allí está en algún lugar, siga buscando y mientras lo hace, descubrirá otras cosas importantes. Este debe ser el primer lugar donde debe buscar información.

¡Lo mejor de la guía es, que ésta es gratis!

Emergency Help

Emergencies can happen anytime and anywhere and to anyone. The best thing you and your family can do is to prepare for it before it happens.

Look in the first pages of your telephone book for the page with emergency numbers. This will tell you if you should call 911 in a fire, police or ambulance emergency and will give you the important numbers to call for other emergencies. Make sure everyone in your family knows to call 911 in a real emergency and where to find the other emergency numbers. Go through the list with them to become familiar with it.

In a real emergency, when someone is in *immediate* danger, the first thing to do is call 911 and give them the address you are at. This is the telephone number to call from almost anywhere in the U.S. to report a fire, get police help and for immediate medical attention. If you can't get 911, call the other emergency number that is listed. In these situations, time is the most important factor in preventing damage or even loss of life. The person answering your call will immediately help, both by sending an ambulance, police car or fire truck and by transferring your call to an expert who will guide you through the situation until help arrives and try to keep you calm, too.

This number is also used in other police emergencies: if you are in serious danger, witness an accident or a crime in progress, call 911.

Also read "Medical Emergencies" on page 112.

Prepare for an Emergency

Arrange for everyone in your family to call a certain person if they are not able to call home in an emergency. That person (probably in a different city or a different part of your city) will keep track of everyone and at least you all will know where the others are.

Buy a fire extinguisher and show everyone in your house how to use it. Have a first aid kit and at least one flashlight with good batteries in a safe place and be sure they are always kept there. Candles, matches and a radio that works on batteries are helpful if the electric power goes out.

Contact your local Red Cross or Salvation Army office for information to help you prepare for emergencies. They usually have brochures or websites that will tell you what you need to know. Once you get this information, discuss it with your family members and create a plan so each of you knows what to do in an emergency. Have a place where everyone will meet in case of a disaster like a tornado or fire.

Ayuda en Emergencias

Emergencias pueden ocurrir en cualquier momento, lugar y a cualquiera. Lo mejor que usted y su familia pueden hacer es prepararse antes que pase.

Los números de emergencias están localizados en las primeras páginas de su guía telefónica. Esta le informará si debe llamar al 911 en caso de emergencia incendio, policía o ambulancia y le dará los otros números importantes para llamar en caso de otras emergencias. Asegúrese que todos en su familia sepan llamar al 911 en caso de vida o muerte y donde encontrar los otros números de emergencia. Revise con su familia el listado para que se familiaricen con el mismo.

En caso de emergencia, cuando alguien esté en peligro *inmediato* lo primero que hay que hacer es llamar al 911 y darle la dirección donde se encuentra. Este es el número de teléfono donde tiene que llamar casi en cualquier lugar de los Estados Unidos para reportar un incendio, pedir ayuda a la policía y atención médica inmediata. Si usted no se puede comunicar con el 911, llame los otros números de emergencias en la lista. En éstas situaciones, el tiempo es el factor más importante en prevenir daños o pérdida de vida. La persona que responda su llamada llamará por ayuda inmediatamente, en conjunto enviará la ambulancia la policía, los bomberos, y transferirá su llamada a un experto, quien lo guiará durante la situación a mantenerse calmado, hasta que llegue ayuda.

Este número también es usado en otras emergencias policiales, si usted está en un peligro verdadero o presencia un accidente o un crimen en proceso, llame al 911.

También lea "Emergencias Médicas" en la página 113.

Prepárese para una Emergencia

Haga los arreglos para que todos en su familia llamen a una persona en específico, si ellos no se pueden comunicar a la casa en una emergencia. Esa persona, no importa donde viva, tendría conocimiento donde se encuentran cada uno y por lo tanto ustedes sabrán donde localizarlos.

Compre un extinguidor de fuego y muéstrele a todos en su casa como usarlo. Tenga un maletín de primeros auxilios y por lo menos una linterna con buenas baterías, en un lugar seguro y cerciórese de que siempre los mantenga allí. Velas, fósforos y una radio que trabaje con baterías, le ayudará, si la luz se va.

Contacte su Cruz Roja local o la oficina de Salvation Army, para pedir información para que le ayude a prepararse en casos de emergencias Ellos usualmente tienen publicaciones o direcciones Web que le dirían lo que necesita saber. Una vez que obtenga esta información discútalo con los

Severe weather information is available on television and radio. Warnings are broadcast about severe thunderstorms, tornadoes, snowstorms, ice storms, hurricanes, floods and other weather that might cause problems for you. The National Weather Service continuously broadcasts weather warnings on NOAA Weather Radio. These radios are sold in many stores: if you live in an area that often has severe weather, it is a good idea to buy one to have when needed.

Often, if the electric power is out, the telephones will still work, but not unless you have a telephone that plugs right into the wall outlet. Telephones that also plug into an electric outlet will not work without power. Some people keep an old telephone, just in case.

What to do in a Weather Emergency

During severe lightning and thunderstorms, don't handle electrical equipment, stay away from bathtubs and sinks and unplug your televisions and computers. Stay away from windows and use cell phones, not house telephones.

Seek shelter if you are outside when a thunderstorm, hurricane or tornado is coming. Stay away from electrical lines that are knocked down and report them to the power company. If your household wires or appliances are wet stay away from them. Don't drive through a flooded area or walk through water that is flowing, it is very often much deeper and faster moving than it looks.

Food Safety in an Emergency

After a severe storm the drinking water is sometimes contaminated. If in doubt, use bottled water and call the water company for information. Sometimes they will recommend that you boil all water before using it until they notify you that it is safe to drink.

Do not open the refrigerator or freezer door, unless necessary, if the power is out. A full freezer will stay cold for two to three days if is not opened. If you have to open it, do it quickly and group meats and fish together so they won't contaminate the other food if they start to thaw.

Food in a refrigerator that isn't opened will stay cold for several hours, but some of it might have to be thrown away when the power comes back on. Fresh meat, lunch meat, eggs, milk, soft cheese and many other foods will not be safe to eat once they have been above 40 degrees for more than a few hours. If the power has been out for a long time and much of the food is spoiled, throw it in the garbage and wash the inside of the miembros de su familia y haga un plan de emergencia para que cada uno sepa que hacer. Asigne un lugar donde se encontrarán en caso de desastres como tornados o incendios.

Información sobre el mal tiempo está disponible en la televisión y el radio. Advertencias acerca de severas tormentas de truenos, tornados, tormentas de nieve, hielo, huracanes, inundaciones y otro mal tiempo que pueda causarle problemas. El Servicio Nacional del Tiempo continuamente transmite advertencia de mal tiempo, en la estación de radio del tiempo NOAA. Estos radios se venden en muchas tiendas; si vive en una área que a menudo tenga mal tiempo, es una buena idea que compre uno para que lo tenga cuando lo necesite.

Muchas veces, si se va la luz, los teléfonos no trabajarán, al menos que tenga un teléfono que se enchufe en la pared. Teléfonos que se enchufan en un toma corriente tampoco trabajan sin luz. Algunas personas, conservan un modelo de teléfono viejo, para estos casos.

Que debe Hacer en Caso de Emergencia por Mal Tiempo

Durante relámpagos y truenos fuertes no opere herramientas eléctricas, permanezca lejos de bañeras, lavamanos y desconecte sus televisores y computadoras. Manténgase lejos de las ventanas y use celulares, no use el teléfono de la casa.

Busque refugio si usted está fuera cuando halla una tormenta, huracán o tornado. Manténgase lejos de líneas de electricidad rotas y repórtelas a la compañía de luz. Si los cables de su casa o aparatos eléctricos están mojados, aléjese de ellos. No maneje o camine en áreas inundadas y con corriente, muchas veces son más profundas y se mueven más rápido de lo que se ve.

Seguridad de la Comida en Caso de Emergencia.

Después de una tormenta fuerte el agua de beber algunas veces se contamina; si tiene dudas tome agua de botella y llame a la compañía de agua para información. Algunas veces ellos le recomendarán que hierva el agua antes de usarla, hasta que le notifiquen cuando es más seguro beberla.

Si no hay luz, no abra la puerta del refrigerador o congelador, solamente que sea necesario. Un congelador lleno permanecerá frió por dos o tres días si no se abre; si tiene que abrirlo, hágalo rápidamente y agrupe carnes y pescados para que no contaminen la otra comida, si comienzan a descongelarse.

La comida en un refrigerador que no se ha abierto permanecerá fría por varias horas, pero otras pueda que tenga que botarlas cuando regrese la luz. Carne fresca, carne de almuerzo, huevos, leche, queso blando y muchas otras comidas no estarán seguras, una vez que hayan estado a temperaturas sobre refrigerator with hot, soapy water. Rinse it with a tablespoon of bleach in a gallon of water and let it air-dry.

Carbon Monoxide Danger

If the electric power is off, and you have a charcoal or gas grill, you can use it to cook your food, but *never* use it indoors. These fuels give off carbon monoxide gas and they will make you very sick or kill you if you use it inside your house. If you have a wood burning fireplace, you can cook on it, but only if the chimney works well.

If you have a fireplace with gas logs, *never* cook on them, because the smallest piece of food or drop of grease can affect the controls and plug up the gas outlets. Turn the logs off periodically anytime you use them and keep a window or door open a crack to let fresh air in. If the control for the logs is electric and the electricity is out, do not try to light them with a match or lighter. Never go to bed with a gas log fireplace left on to keep your room warm.

Also don't ever use a generator inside your house, basement or garage. Always use a generator outside where it gets fresh air.

You may have been able to safely use a grill in your house in your home country, but the houses in this country are very well insulated and much more air-tight than some other countries. The carbon monoxide gas can't escape from these houses or apartments and is very dangerous.

Have a couple carbon monoxide and smoke detectors in your house, and a fire extinguisher, too.

Carbon monoxide is colorless and odorless. The symptoms of carbon monoxide poisoning are headache, fatigue, nausea and dizziness. People often fall asleep and die without ever knowing there was a problem. Call 911 immediately if you experience these symptoms while using charcoal, gas or oil appliances. A car idling in a garage also gives off carbon monoxide and the gas can seep into the adjoining house or apartment and kill the occupants or neighbors.

You should have a couple smoke detectors and carbon monoxide detectors in your house. These can be purchased at building supply, department and discount stores and are not very expensive. Be sure to replace the batteries once or twice a year so they are always working. Many people replace them on the day the time changes in the spring and the fall, very often you will see a reminder in the newspaper on those days to replace those batteries. Many apartments and houses already have these detectors, but if yours doesn't have them, you should buy them: they could save your life. A working smoke detector should be located close to the

40 grados por más de pocas horas. Si la luz se ha ido por mucho tiempo y mucha de la comida se echó a perder, bótela y lave por dentro el refrigerador con agua caliente y jabón, enjuáguelo con una cucharada de cloro en un galón de agua y deje que se seque.

Peligro que Causa el Monóxido de Carbono

Si no hay electricidad, y usted tiene una parrilla de gas, puede usarla para cocinar su comida, pero nunca la use adentro; estos combustibles producen gas de monóxido de carbono y le enfermará o matará si lo usa dentro de su casa. Si usted tiene una chimenea que queme madera, puede cocinar en ella, pero solamente si la chimenea trabaja bien.

Si tiene chimenea de gas y leña, *nunca* cocine en ella, porque el pedazo más pequeño de comida o grasa que le caiga puede afectar los controles y los enchufes del distribuidor de gas. Apague las leñas periódicamente, cada vez que las use y mantenga una ventana o puerta entre-abierta para que entre aire fresco. Si el control de los leños es eléctrico y no hay electricidad, no trate de prenderlo con un fósforo o encendedor. Nunca se vaya a dormir con la chimenea de gas prendida por querer conservar el cuarto caliente.

> *Tenga en su casa un par de detectores de humo y monóxido de carbono, y también un extinguidor de fuego.*

Nunca use un generador dentro de su casa, sótano o garaje; siempre úselo afuera donde hay aire fresco.

Pueda que usted haya usado sin accidentes una parrilla en su casa en su país, pero las casas en este país son más herméticas y aisladas que en otros países. El gas de monóxido de carbono no se puede escapar de estas casas o apartamentos y es muy peligroso.

El monóxido de carbono no tiene color, ni olor. Los síntomas son: dolor de cabeza, fatiga, náuseas y mareos. Hay personas que se duermen y mueren sin nunca saber que había un problema. Llame inmediatamente all 911 si siente estos síntomas, mientras esta usando carbón, gas o aparatos de aceite. Un carro prendido en el garaje también emite monóxido de carbono y el gas se puede pasar a la casa o apartamento adyacente y matar a sus ocupantes o vecinos.

Debería tener en su casa un par de detectores de humo y de monóxido de carbono. Estos pueden ser comprados en tiendas de materiales de construcción, departamentos y tiendas de descuento y no son muy caros. Asegúrese de reemplazar las pilas una o dos veces al año para que siempre estén funcionando. Muchas personas las reemplazan cuando cambia la hora en la primavera y el otoño, a veces verá en esos días un recordatorio en el bedroom doors in your house or apartment. Don't put one near the kitchen.

You should also have at least one fire extinguisher in your house. You should have one in the kitchen and another near the bedrooms, since it might be hard to get to the kitchen in the night if your smoke detector wakes you. Make sure it is rated ABC, so it will put out all types of fires.

Furnaces that are not working properly can give off carbon monoxide, so this is another reason why it is important to have a detector in your house. You might not even know the furnace is faulty.

When you turn your furnace on after it has been off for a long time, it might smell like sulphur or smoke. This is usually not dangerous, the smell will go away soon.

Kerosene Heaters

Many people think kerosene heaters are safe to use indoors, but they can be very dangerous. They should only be used as supplemental heat and never left on while people are asleep. They consume oxygen and produce gases that will kill you if there is not enough ventilation in a room. They also have the added danger of fire.

Be sure the heater is level, cannot be tipped over or bumped into, and is at least 36 inches from furniture or anything else that can burn. The surface of the heater can get extremely hot: keep children away from it.

Be very careful to always use the correct grade of kerosene and never use gasoline or other fuels. Always refuel the heater outside. Check your insurance policy before you start using a kerosene heater to see if it covers damage caused by these heaters.

Emergency Shelters

The Red Cross or Salvation Army brochures that I told you about on page 10 will tell you if they have free shelters available for emergency use. They usually have arrangements to use gymnasiums in the local schools for this purpose.

If those organizations don't have shelters available, ask the people at your church or Social Services department in your county. In case of a tornado or flood or severe storm, there will be some place you can go for shelter. In severe cases, people stay for days in these shelters. The group that runs the shelter has cots and blankets and meals for the people who are forced out of their homes. There are very often a lot of people there and it might not be the most comfortable place, but it is dry and warm and periódico para cambiar las pilas. Muchos apartamentos y casas ya tienen estos detectores, pero si la suya no los tiene, debería comprarlos: Estos le pueden salvar la vida. Un detector de humo que funcione debería estar localizado en su apartamento o casa cerca de la puerta de su cuarto. No ponga uno cerca de la cocina.

También debería tener por lo menos un extinguidor de fuego en su casa. Es recomendable tener uno en la cocina y otro cerca de los cuartos, ya que se haría muy forzoso ir en la noche a la cocina, si su detector de humo lo despierta. Asegúrese que éste sea de primera calidad ABC, para que éste apague todo tipo de fuegos.

Calentadores que no estén trabajando apropiadamente pueden esparcir monóxido de carbono, por lo tanto es otra razón por la cual, es importante tener un detector en su casa. Pueda que ni siquiera sepa que el calentador es defectuoso.

Cuando prenda su calefacción después de haber estado apagada por mucho tiempo, esta podría oler como sulfato o humo. Esto no es usualmente peligroso, el olor se quitara pronto.

Calentadores de Kerosén

Muchas personas piensan que los calentadores de Kerosén son seguros para usarlos en la casa, pero ellos pueden ser muy peligrosos. Deberían ser usados como calefacción complementaria y nunca dejarlo prendido mientras la persona está dormida. Estos consumen oxígeno y producen gases que pueden matar si no hay suficiente ventilación en el cuarto. También tienen peligro de fuego.

Asegúrese que el calentador esté nivelado, no se voltee o tropiece y que esté por lo menos 36 pulgadas lejos de los muebles o cualquier cosa que se pueda quemar. La superficie del calentador puede ponerse extremadamente caliente: mantenga a los niños lejos de éste.

Siempre sea muy cuidadoso en usar el grado correcto de Kerosén y nunca use gasolina u otros combustibles. Siempre eche kerosén al calentador afuera. Revise su póliza de seguros antes de comenzar a usar un calentador de Kerosén para ver si cubre daños causados por estos calentadores.

Refugios de Emergencia

La Cruz Roja o Salvation Army le informará si tienen refugios gratis disponibles para uso de emergencia. Estos han hecho arreglos en los gimnasios de las escuelas locales para este propósito.

Si esas organizaciones no tienen refugios disponibles, pregúntele a la gente de la iglesia o departamento de servicios sociales en su condado. En caso de un tornado, inundación o tormenta fuerte, existe algún lugar donde usted podría ir a refugiarse. En caso de catástrofes severas, las personas permanecen por varios días en estos refugios. El grupo encargado del refugio tiene camillas, cobijas y comida para personas que se ven forzadas a salir de safe and you will meet many other people in the same situation.

Elderly people and babies are the most susceptible to problems when there is a weather related emergency. They are unable to regulate their body temperature as well as other people and should not stay very long in a house that is too cold or hot because the power has gone out. They should go to a hotel or shelter if at all possible.

If there is no alternative but to stay in a cold house, everyone should dress in layers of clothing and wear hats. It is always a good idea to check on your neighbors in a weather emergency, too. See if they have adequate heat, air conditioning, food, water – all the things that can be a problem if the electricity goes out or if there is flooding or snowstorms or something else out of the ordinary.

Victims of Domestic Violence and Child Abuse

There is no excuse for domestic violence or child abuse and there is help available for all victims of abuse.

If you are a victim of spousal abuse, call 911 for emergency help. You should call your county Department of Social Services (find them in your telephone book) for non-emergency assistance. They will tell you where a shelter is available for you and your children. They will also give you information on other things relating to domestic violence: attorneys and court orders you can get, safety tips, what to do in an emergency and support groups to help you.

Many people think they are stuck in the situation and will never be able to get out of it, but it doesn't have to be that way. There is help available and help is also available to children who witness abuse in their home, but aren't actually harmed themselves.

Usually the people seeking this help are women, but sometimes the man of the family is the victim of the abuse and this assistance is available for him, too. He should not be embarrassed and he should seek help.

The number for the National Domestic Violence Hotline is 1-800-799-7233, you can call them 24 hours a day, seven days a week. Their website address is www.ndvh.org.

This help is also available to children who are victims of abuse from their parents or caregivers or others in authority. School children are sometimes more comfortable asking their school counselors for help. The counselor will call the appropriate department to help them. To report child abuse or get assistance, call 1-800-244-5373.

Remember: call 911 for emergency help in any kind of emergency, including domestic violence. The police will come and help you.

sus casas, frecuentemente allí hay mucha gente y no podrá ser el lugar más confortable, pero es seco, cálido, y seguro.

Personas mayores y bebés son las más susceptibles a problemas relacionados cuando hay emergencias del tiempo. Ellos no pueden regular la temperatura de sus cuerpos tan bien como otras personas, no deben permanecer por mucho tiempo en una casa que esté muy fría o muy caliente, que no tenga electricidad. Se deberían ir a un hotel o refugio si es posible.

Si no hay otra alternativa que permanecer en una casa fría, todos deberían vestirse con capas de ropa y usar gorros. También es buena idea chequear a sus vecinos en tiempo de emergencia. Vea si tienen calefacción adecuada, aire acondicionado, comida, agua – todo lo que pueda ocasionar problemas en caso de que se vaya la luz, haya inundaciones, tormenta de nieve o alguna otra cosa fuera de lo común.

Víctimas de Violencia Doméstica y Abuso de Menores

No hay excusa por violencia doméstica o abuso de menores y hay ayuda disponible para todas las víctimas de abuso.

Si usted es una víctima abusada por su esposo(a), llame al 911 para ayuda de emergencia. Usted debería llamar al Departamento de Servicio Social de su condado (encuéntrelo en su guía telefónica) para casos que no son de emergencia. Ellos le dirán donde está un refugio disponible para usted y los niños. Ellos le darán información en los asuntos relacionados con violencia doméstica: como obtener abogados y órdenes de Corte, medidas de seguridad, grupos de apoyo y que hacer en caso de emergencia.

Muchas personas piensan que están estancadas en una situación y nunca pueden salirse de ella, pero no tiene que ser de esa manera. Hay ayuda disponible también para los niños quienes son testigos de abuso en sus hogares, pero que actualmente no han sido perjudicados.

Usualmente las personas que solicitan esta ayuda son mujeres, pero algunas veces los hombres de la familia son víctimas del abuso, también esta asistencia está disponible para él, no debe avergonzarse y debería buscar ayuda.

El número de la Línea Nacional de Violencia Doméstica es 1-800-799-7233, puede llamar las 24 horas del día, siete días a la semana. Su página Web es www.ndvh.org.

Esta ayuda también está disponible para niños quienes son víctimas de abuso de sus padres o de las personas autorizadas para cuidarlos. Niños de escuela, algunas veces se sienten más confortables pidiendo ayuda a los consejeros de la escuela. El consejero llamará al departamento más apropiado para que los ayuden. Para reportar el abuso de un niño o conseguir asistencia, llame al 1-800-244-5373.

Recuerda llama al 911 para ayuda de emergencia de cualquier clase, incluyendo violencia domestica. La policía vendrá y te ayudara.

Schools

Each state is responsible for providing a public school system so all children can receive an education. There is no charge for attending public school and it is open to all students. No state may deny equal education opportunities to an individual because of his or her race, color, sex or national origin. It is against the law to deny a child access to an education. Schools aren't allowed to ask for a social security number to allow the children into their school.

These schools are from kindergarten through high school. Children are required to attend school from ages 6 to 16 in most states and to 18 in the others.

The federal government's "No Child Left Behind Act" mandates extra concentration on children with limited English proficiency, migratory children, homeless children, children with disabilities, disadvantaged children and minority children.

School systems are run by the county governments and each county has its own rules. Look in your telephone book white pages for the school system in your county. It might be listed under "Schools" or the name of your county. They are also listed in the community section of your book.

Get involved in your children's schools. Visit their classes and volunteer to help.

Call them and ask what proof of age and residency and prior school records you have to bring with you when you register your child in school. Your children will also need certain vaccinations and inoculations, which they can get at a clinic or doctor's office. They also might need a dental examination.

All schools like to have the parents involved in their children's schools. Volunteer to help occasionally if you are able to, and be sure to at least go to the parent-teacher meetings. Your children will often bring papers home that have to be signed by a parent, tell your children to always give you those papers.

Be sure to keep a calendar of your children's school days visible in your home. Schools allow a maximum number of absenses and if your children exceed that number, they can be expelled or suspended from school. Even if you are out of the country, those days count.

You might prefer to have your children attend a private school. Many churches and organizations operate private schools, and they all charge tuition. Your Yellow Pages will list them under "Schools".

Some parents prefer to home school their children, but new residents usually don't do this. There are certain requirements that have to be met and new residents probably couldn't meet them.

Escuelas

Todos los estados son responsables de proveer el sistema escolar, para que todos los niños reciban una educación. No hay cobro por asistir a las escuelas públicas y están abiertas para todos los estudiantes. Ningún estado debe negar igualdad u oportunidades de educación a un individuo debido a su raza, color, sexo, u origen nacional. Es contra la ley negar a un niño el acceso a la educación. A las escuelas no les es permitido solicitar un numero de seguro social para admitir los niños en las escuelas.

Estas escuelas comienzan desde Kindergarten hasta Bachillerato o secundaria. En casi todos los estados, es obligatorio que los niños entre 6 a 16 años de edad asistan a la escuela, y en otros estados hasta 18 años de edad.

El decreto del Gobierno Federal establece que "Ningún Niño se Quede Atrasado" obliga una concentración especial en niños con límites en capacidad del Inglés, niños inmigrantes, niños sin hogar, niños con impedimentos, y niños de minorías.

El sistema de la escuela corre por cuenta del gobierno del condado y cada condado tiene sus propias reglas. Busque por sistema escolar en las páginas blancas del condado de su guía telefónica. Puede estar en el listado bajo "escuelas" ("Schools") o el nombre de su condado. También el listado está bajo la sección de la comunidad de su guía telefónica.

Llame y pregunte sobre que prueba de edad, residencia y registros previos de escuela tiene que traer cuando inscriba a su niño en la escuela. Sus niños también necesitarán ciertas vacunas o inmunizaciones las cuales pueden obtener en una clínica u oficina de doctor. Ellos también pueden necesitar un chequeo dental.

> *Manténgase relacionado con las escuelas de sus hijos visite sus clases y ayúdeles como voluntario(a).*

En todas las escuelas les gustan que los padres estén involucrados en las actividades de la escuela de sus niños. Ofrézcase de voluntario si puede y asegúrese que por lo menos vaya a las reuniones de padres y maestros. Sus niños a menudo traerán papeles a la casa que tienen que ser firmados por uno de los padres, dígale a sus niños que siempre le entreguen esos papeles.

Asegúrese de mantener un calendario con los días de escuela de sus niños en un lugar visible en la casa. Las escuelas permiten un numero máximo de ausencias, si sus niños se pasan de ese numero pueden ser expulsados o suspendidos de la escuela. Aun si usted esta fuera del país, estos días cuentan.

Pueda que prefiera que sus hijos asistan a una escuela privada. En muchas iglesias y organizaciones operan escuelas privadas, y todas cobran matrícula. Busque en las páginas amarillas los diferentes números de las escuelas, los encontrará en el listado por la palabra "Schools".

Algunos padres prefieren enseñar a sus niños en la casa, pero residentes

Colleges and universities all charge tuition, although local community colleges, also called junior colleges, charge very little. They provide two years of academic instruction, as well as technical and vocational training. Community college graduates usually earn an "associate's" degree (which is not the same as a four-year college or university degree). Many students begin at a community college and then transfer to a regular college or university to earn an undergraduate (bachelor's) degree. Colleges require certain test scores in order to be accepted and community colleges often do not demand scores quite as high.

Vocational schools train their students with practical or specialized job skills, including industrial or commercial occupations. These schools might teach massage, pet grooming, hair cutting, auto mechanic or truck driving. Many vocational schools do not require a high school degree, though they may require a high school equivalency score. Look in the Yellow Pages for names and call for their rates. Most schools will help their graduates find jobs, too. Try to talk to some of the students and ask if they are happy with the instruction they are getting.

Some large prestigious universities might cost as much as $40,000 a year. Scholarships, grants and financial aid are available for many students, especially if they have had good grades or extraordinary athletic ability all through their high school years.

It is very important to have an education. Be sure your children stay in school, at least through high school. People without a high school diploma will have a difficult time all their lives and it is fast becoming necessary to have two or more years of college to get a good job.

If you have an idea that should be added to the next edition, write me or answer on the survey page of the website: www.HowToLiveAndThrive.com. I'll send you a free gift for your ideas.

nuevos, usualmente no hacen esto. Hay ciertos requerimientos que tienen que ser cumplidos y nuevos residentes, probablemente no pueden cumplirlos.

Todos los colegios y Universidades cobran matrícula, sin embargo los Institutos Técnicos también se llaman Junior Colleges, cobran muy poco. Estos proveen 2 años de enseñanza académica y abarcan la parte técnica y entrenamiento vocacional. Los graduados de los Institutos Técnicos, usualmente obtienen un grado de "Técnico" (el cual no es el mismo como un College de cuatro años o un grado universitario). Muchos estudiantes comienzan en el Instituto Técnico y entonces se transfieren a un College regular o Universidad para obtener un grado de Bachiller Universitario (bachelor's). Colleges requieren cierto promedio de exámen para que el estudiante pueda ser aceptado y los Institutos Técnicos a menudo no exigen promedios tan altos.

Las Escuelas Vocacionales entrenan a sus estudiantes, con prácticas, y los especializan en conocimientos que le permitan desempeñarse en ocupaciones en las áreas industriales y comerciales. Estas escuelas pueden enseñar: masajes, cuidado de animales, peluquería, mecánica de autos y manejo de camiones. Muchas escuelas vocacionales no requieren un grado de bachiller, sin embargo pueden requerir la equivalencia de bachiller. Busque en las páginas amarillas por los nombres de éstas escuelas, y llame para obtener tarifas de las mismas. También muchas escuelas ayudan a sus graduados a encontrar trabajo. Trate de hablar con algunos estudiantes y pregunte si ellos están satisfechos con la enseñanza que están obteniendo.

Algunas Universidades de gran prestigio pueden costar tanto como $40.000 al año. Becas, ayuda gubernamental y ayudas financieras están disponibles para muchos estudiantes, especialmente si tienen buenas notas o habilidades atléticas extraordinarias durante los años de bachillerato o secundaria.

Es muy importante tener una educación; asegúrese que sus niños se mantengan en la escuela, por lo menos durante el bachillerato o secundaria. Las personas sin diploma de bachillerato tendrán dificultades toda su vida y se está haciendo necesario tener 2 o más años de College para obtener un buen trabajo.

Si tiene una idea que pudiera ser incluida en la próxima edición, escríbame o responda la encuesta en la página Web: www.HowToLiveAndThrive.com. Le enviaré un regalo por su idea.

Public Libraries

Every city has a public library and a large city will have a main library building and several smaller branches. To find it in your telephone book, look for the name of the county then go down to "L" and find library. They will also be listed in the community information section at the front of your book.

Anyone can use a public library. You can go into a library and read newspapers, magazines and books in any city of the country. But you can't check anything out, unless you have a library card. The library card will also allow you to check out tapes and videos if they have them.

To get a library card, you have to show proof of residency and then that library system is the only one that will allow you to take books out with you. If you move to another city, you'll have to get a card at your new library. They are free and easy to get with proof that you are a resident. Ask what proof they want to see.

Most libraries now have computers that are hooked up to the Internet. You don't usually have to have a library card there or even be a resident of that city to use them. You will have to show them your driver license or other identification and possibly make an appointment to use a computer.

Your library is an excellent place to find information and it is FREE too!

The librarians usually won't show you how to use a computer, but if you know how to use it, the library is an excellent place to look up information and write down telephone numbers or other information you have found. They also have printers and photocopiers.

The library computers would be useful for you to look up some of the information in this book, especially the ones that give the web addresses. If you want to find a web address, get into a search engine such as "google" or "yahoo" and type in the name of the company or organization to find the web address.

Most libraries have books and other material in languages other than English. If you ask the librarians to get more books in your language, they can usually get them from another library in their state or region. If enough people ask for certain languages, they are often able to order the books and have them there all the time.

Public schools and libraries are financed with tax dollars. That means *your* tax dollars pay for them, too.

Bibliotecas Públicas

Cada ciudad tiene una biblioteca pública, y una ciudad grande tendrá una sede de la biblioteca principal y varias sucursales pequeñas. Para encontrarla en su guía telefónica, busque por el nombre del condado entonces baje a las "L" y encuentre "Library" que significa biblioteca. También estarán en el listado en la sección de información de la comunidad, al inicio de su guía.

Cualquiera puede usar la biblioteca pública. Usted puede ir a la biblioteca y leer periódicos y revistas de cualquier ciudad del país. Usted no puede sacar nada al menos que tenga una tarjeta de la biblioteca; ésta le permitirá que saque cassettes de videos si lo tienen.

Para obtener la tarjeta de la Biblioteca tiene que mostrar prueba de residencia, con ésta tarjeta podrá entrar al sistema de la Biblioteca que le permitirá que se lleve los libros prestados. Si usted se cambia de dirección a otra ciudad, tendrá que obtener otra tarjeta en su nueva biblioteca. Estas son gratis y fáciles de obtener con prueba de residencia. Pregunte que prueba quieren ver.

Ahora muchas bibliotecas tienen computadoras que están conectadas al Internet. Usted usualmente no tiene que tener la tarjeta de la biblioteca ni siquiera ser residente de esa ciudad para usarlas. Tendrá que mostrar su licencia de manejo u otra identificación y posiblemente hacer una cita para usar la computadora.

Las bibliotecas usualmente no te enseñan como usar una computadora, pero si usted sabe como usarla, la biblioteca es un lugar excelente para buscar información y escribir números de teléfono u otra información que usted necesite. También tienen impresoras y fotocopiadoras.

> *¡La biblioteca publica es un excelente lugar para encontrar información y esta es también GRATUITA!*

Las computadoras de la biblioteca le serán de utilidad para que busque algunas de las informaciones que aparecen en este libro, especialmente la de las direcciones de Internet. Si quiere encontrar por el Internet la dirección de Web, vaya y busque en "Google" o "Yahoo" y escriba el nombre de la compañía u organización para encontrar las direcciones Web.

Muchas bibliotecas tienen libros y otros materiales en otro lenguaje a parte del Inglés. Si le pide a su bibliotecario que le consiga mas libros en su leguaje, ellos pueden usualmente conseguirlos en otra biblioteca en su estado o región. Si suficientes personas piden ciertos lenguajes, ellos a menudo, pueden ordenar los libros y tenerlos allí todo el tiempo.

Escuelas públicas y bibliotecas son financiadas con los dólares de los taxes. Eso significa que el dinero de *sus* taxes paga por ello también.

ESL Classes

If your English isn't very good, you should take some classes and learn to read and speak it. You will have a much easier time in any country if you know the language. If you are making your home there it is especially important. You're working and paying taxes, signing legal documents and making large purchases and if you don't understand the language you might not be getting everything you are entitled to and may even be cheated.

There are many ways to learn English in this country. Small children will pick it up from playmates and they have the easiest time. School children will learn English in their English as a Second Language (ESL) classes. Many people who work in large companies or factories are offered ESL classes as one of the benefits of being an employee there. All these classes are usually free.

Schools have evening adult education ESL classes for people in their community and colleges offer ESL classes, usually with daytime and evening classes. These schools usually charge a small tuition.

Some social service organizations (YMCA, Salvation Army, Red Cross) have ESL classes or can tell you who does. And many churches have classes or can tell you who does.

There are many Internet sites that have online classes, with lessons to download and print yourself. It is a good idea to take a classroom course if you can, at least for part of your learning, because then you can actually speak with and listen to others and learn the correct pronunciation. These classes have people from many different countries all together in one class, all learning English.

Besides making sure you get everything you are entitled to by being able to read and speak in the language of the country you are living in, you will also have more credibility with the people who have lived there all their lives. They will accept and respect you more if they see you have made the effort to learn the language. Even though they only speak their own language and don't realize how difficult it is to learn another, especially as an adult, they will appreciate you more.

Some television sets are able to have the words typed along the bottom of the screen as people are speaking. This is intended more to help people who can't hear, but it's used by many people who are learning the language. It goes very fast, but is a good way to practice, especially if you can read English better than you can understand the spoken word.

Any way you can learn and practice is good. It just has to be done all the time and in whatever way you have discovered works for you.

Clases de Inglés como Segunda Lengua (ESL)

Si su Inglés no es muy bueno, usted debería tomar clases para aprender a leerlo y escribirlo. Tendrá una estadía más fácil en cualquier país si usted sabe el lenguaje. Es de especial importancia, si está haciendo su hogar ahí. Si está trabajando y pagando impuestos, firmando documentos y haciendo compras mayores si no entiende el lenguaje no podrá obtener todo lo que se merece y hasta podría ser estafado.

Hay muchas maneras de aprender Inglés en este país. Niños pequeños lo obtendrán de sus compañeros y ellos están en la etapa más fácil. Niños en la escuela aprenderán Inglés en su clase de ESL (English as a Second Language), que significa (Inglés como Segunda Lengua). Muchas personas quienes trabajan en compañías o fábricas grandes, ofrecen (ESL) como uno de los beneficios de sus empleados. Todas estas clases son usualmente gratis.

Las escuelas que tienen educación de adultos nocturnas ofrecen clases de (ESL) para personas en su comunidad y los Colleges ofrecen clases de (ESL), usualmente en el día y en la noche. Estas escuelas usualmente cobran una pequeña matrícula.

Algunas organizaciones de servicios sociales (YMCA, Salvation Army, Red Cross) tienen clases de ESL o le pueden decir quién las ofrece. Muchas Iglesias tienen clases o le pueden dar información de quienes más las imparten.

Hay muchos sitios en el Internet que tienen clases en línea con lecciones para recibirlas e imprimirlas usted mismo. Es buena idea tomar cursos en un salón de clases si usted puede, al menos como parte de su aprendizaje, porque puede hablar y escuchar a otros y aprender a pronunciar correctamente. Estas clases tienen a personas de diferentes países, todas juntas aprendiendo Inglés.

A parte de que se asegure de obtener todo a lo que tendrá derecho por su capacidad de hablar en el lenguaje del país donde esta viviendo, usted también tendrá mas credibilidad con la gente que ha vivido allí toda su vida. Te aceptarán y respetarán más si ven que ha hecho el esfuerzo por aprender el lenguaje. A pesar de que ellos solamente hablan su propia legua y no se dan cuenta que tan difícil es aprender otro, especialmente un adulto, ellos te apreciarán más.

Algunos televisores tienen la capacidad de tener palabras en la parte de abajo de la pantalla mientras la gente está hablando. Esto es con el propósito de ayudar a las personas que no pueden escuchar; pero también son usados para aprender lenguaje. Pasa muy rápido, pero es una buena manera de practicar, especialmente si puede leer Inglés mejor de lo que puede entender la palabra hablada.

Cualquier manera que se pueda aprender y practicar es buena, esto tiene que hacerlo todo el tiempo en cualquier forma que haya descubierto que funcione mejor para usted.

Be a Good Neighbor

There is an old saying "When in Rome, do as the Romans do", which simply means to do things the way the local people do them.

Many times when people move into a new neighborhood, they behave the way they did in their last neighborhood and it doesn't always please their new neighbors. When their last neighborhood was a different country, it might cause even bigger problems. When people from foreign countries move into a neighborhood in the U.S., negative comments are often made.

You can minimize conflicts with your neighbors by following a few simple rules. If you are the one with the neatest yard and quietest music, there won't be any complaints about you and maybe you will be setting a good example for some of them. They are not all the best neighbors either.

Most of the following suggestions were taken from a notice at a condo/townhouse/apartment complex and are good anywhere:

If you see trash around your neighborhood, pick it up and put it in the waste basket. Definitely keep your own yard clean.

If you have pets, get them licensed and keep them on a leash. When taking your pets for a walk, carry a trash bag to pick up their droppings.

If one of your cars is not working, and you aren't going to fix it – get rid of it. Check your lease or association agreement, working on the engine of a car in your driveway might not be allowed.

Don't play your music very loud. Remember, we don't all like the same music, especially early in the morning or late at night. You don't want a visit from the police telling you to turn down your music.

Find out if your neighborhood has an association. Ask them what you can do to be a good neighbor. Attend neighborhood meetings. If you don't speak the language very well yet, get someone who does to go with you. These meetings are a good place to meet your neighbors, too.

Apartments and many neighborhoods have limited parking spaces for visitors. Make sure you let your family and friends know where they can park. If parking spaces are assigned, only use your own space.

If you have a lawn, keep it neatly cut and use the mower during reasonable hours – not early in the morning before neighbors are awake.

Most apartment complexes have facilities for parties. Use them.

Clean up after you use the open spaces (swimming pool, picnic, playground) in your area. Don't leave your trash for others to pick up.

Be courteous to your neighbors. Do not block their cars in, even if you're only going in for a few seconds.

Tell your family and friends not to honk their horn when they come to pick you up for a function or work. Have them park the car and knock on the door or use their cell phone and call you.

Sea un Buen Vecino

Hay un dicho viejo que dice: "Cuando esté en Roma haga lo que los Romanos hacen", lo que significa haga las cosas de la manera que lo hace la gente local.

Muchas veces cuando la gente se muda a un nuevo vecindario, se comportan de la misma manera que en su último vecindario y esto no siempre complace a sus nuevos vecinos. Si su último vecindario era en un país diferente, esto puede causar problemas más grandes. Cuando las personas de países extranjeros se mudan a un nuevo vecindario en los Estados Unidos; comentarios negativos son hechos a menudo.

Puede disminuir conflictos con sus vecinos siguiendo unas pocas y simples reglas. Si usted es el que tiene la grama más nítida y la música mas calmada, no habrá ninguna queja suya, y puede ser que sea puesto como un buen ejemplo para alguno de ellos, ya que no todos son los mejores vecinos.

Muchas de las siguientes sugerencias fueron tomadas de un aviso en un complejo de condominios/townhouses/apartamentos y son buenas en cualquier lugar:

Si ve basura alrededor de su vecindario recójala y póngala en la cesta de la basura, definitivamente conserve su jardín limpio.

Si tiene animales obtenga la licencia y manténgalos con su correa. Cuando lleve su animal a caminar, lleve una bolsa para que recoja los deshechos.

Si alguno de sus carros no funciona y usted no lo va a componer, deshágase de éste. Verifique en su contrato los acuerdos, si quiere trabajar en el motor de un carro, pueda que no sea permitido.

No escuche su música muy alta. Recuerde que a todos no nos gusta la misma música, especialmente temprano en la mañana o tarde en la noche. Usted no quisiera que la policía lo visitara para pedirle que baje su música.

Averigüe si su vecindario tiene una asociación. Pregúnteles que puede hacer para ser un buen vecino. Atienda las reuniones del vecindario. Si todavía no habla la lengua muy bien, lleve con usted a alguien que sepa el idioma. Estas reuniones son un lugar bueno para conocer a sus vecinos también.

Apartamentos y muchos vecindarios, tienen espacios limitados en los estacionamientos para visitantes. Asegúrese de decirle a su familia y amigos donde pueden estacionarse. Si los estacionamientos están asignados, solamente use sus propios espacios.

Si tiene grama, consérvela nítidamente cortada y use el corta grama durante horas razonables, no temprano en la mañana antes que los vecinos se levanten.

Muchos complejos de apartamentos tienen facilidades para fiestas. Úselas.

Limpie después que use el espacio de la piscina, picnic y área de juegos. No deje la basura para que otros la recojan.

If you are having a party, tell your neighbors *and invite them*! It's a great opportunity to meet them and for them to meet you. Chances are good that they won't join you, but at least you asked and it lets them know that you will be making noise. Ask them to tell you if the noise is too loud and you will be quieter. You don't want them complaining to the police.

If there is any kind of severe weather, check on your neighbors. See if they have adequate heat, air conditioning, food, water – all the things that can be a problem if the electricity goes out or if there is flooding or snowstorms or something else out of the ordinary.

Tenants' Rights

Tenants have rights – regardless of what your landlord thinks. Many people who rent their house or apartment are afraid of their landlords because they think if they complain, they will be evicted, or the rent will be raised so high the next month they will be forced to move.

Each state has its own landlord-tenant laws and federal law prohibits discrimination in housing. The legal relationship between a landlord and a tenant is covered by both contract laws and property laws.

A lease, also called a rental agreement, is an agreement between a landlord and a tenant, which gives the tenant the right to occupy the property for a period of time. A lease can be an oral agreement or it can be in writing. Most states require that the lease is in writing if it extends beyond one year, but you should always get the lease and all other documents in writing because it will stop misunderstandings over terms of the agreement. Have someone translate it for you if you aren't sure what it says. Even if you are renting from a friend, get everything in writing.

There are many responsibilities listed in a lease, the most important is that the tenant is required to pay the landlord a certain amount of money (rent) each month. Tenants are also required to keep the property clean and

Sea cortés con sus vecinos. No les bloquee sus carros así sea por pocos segundos.

Dígale a su familia o amigos que no suenen la corneta cuando lo vengan a recoger, aunque sea para ir al trabajo. Haga que se estacionen y toquen la puerta o que usen el celular para llamarlo.

¡Si tiene una fiesta, dígale a sus vecinos *e invítelos*! Es una gran oportunidad para conocerlos y para que ellos lo conozcan. Hay una buena posibilidad de que no vengan, pero por lo menos usted los invitó y ellos saber que va hacer ruido. Pregúnteles si el ruido es muy alto y usted bajará el ruido. Usted no quisiera que ellos se quejaran con la policia.

Si hay cualquier tipo de clima severo, observe a sus vecinos, vea si tienen calefacción y aire acondicionado adecuado, comida, agua y todas las cosas que puedan causar problemas si la electricidad se va o si hay inundaciones, tormentas de nieve o algo más fuera de lo común.

Derechos de los Inquilinos

Los inquilinos tienen derechos – a pesar de lo que su arrendador piense. Muchas personas quienes rentan su casa o apartamento tienen miedo de su arrendador porque piensan que si ellos se quejan, los van a desalojar, o la renta será incrementada tan alta el siguiente mes que estarán forzados a mudarse.

Cada estado tiene sus leyes con respecto al arrendador-inquilino y las Leyes Federales prohíben discriminación en la vivienda. La relación legal entre el arrendador y el inquilino está cubierta por ambas leyes, de contrato y propiedad.

Un contrato de arrendamiento, también llamado un acuerdo de renta, es un acuerdo entre un arrendador y un inquilino, el cual le da a éste el derecho de ocupar la propiedad por un período de tiempo. Un contrato puede ser verbal o por escrito. La mayoría de los estados requieren el contrato de arriendo por escrito si este se extiende mas de un año. Pero usted debe siempre obtener el contrato de arriendo y todos los otros documentos por escrito porque esto aclara cualquier desentendido sobre los términos del contrato. Consiga alguien que le haga una traducción si no esta seguro de lo que este dice. Aun si usted esta rentándole a un amigo obtenga todo por escrito.

in good repair. At the end of the lease, use of the property must be returned to the landlord.

A major responsibility of the landlord is to keep the premises in livable condition and not to interfere with the tenant's use and enjoyment of the property.

Your agreement will tell the term of the lease (months, years), the rent amount and the day it's due, when rent can be raised, the amount of the security deposit and when you get it back, what happens if you don't pay the rent, if you can have pets, barbecue grills and other items, and other various duties and responsibilities for the tenant and landlord.

Don't be afraid of your landlord. You have many rights, especially if you are taking good care of the property.

The security deposit is actually a "damage deposit" and equals one half to two month's rent. This deposit is to cover the cost for repairs to the apartment in excess of "normal wear and tear". Most states require that your deposit be returned to you within a specific period of time, usually 30 days after your lease has expired.

Normal wear and tear is a term that refers to things that are expected to take place while an apartment or house is occupied. Smudges on the walls and normal carpet wear in high-traffic areas are in this category and landlords usually can't charge you for these items. But if, for example, there are crayon markings all over the walls or large stains on the carpet, you will probably be charged for the repairs.

It is important that you inspect the property before you sign the lease. If you find any kind of damage, make sure you make and keep a list of these conditions. Give the landlord a copy of the list and be sure he agrees that you will not have to pay for them. If this damage is not listed, you might be charged for the repair when you move out.

As with any document, read the lease very carefully, understand it and keep it safe.

If any terms of the lease aren't met by either the landlord or the tenant, an attorney specializing in local landlord-tenant law should be contacted. Look in the Yellow Pages for an attorney, call some and ask them if they handle landlord-tenant disputes.

Hay muchas responsabilidades enumeradas en el contrato de arrendamiento, la más importante es que se requiere del inquilino que le pague al arrendador un cierto monto de dinero (renta) cada mes. Se requiere de los inquilinos también mantener la propiedad limpia y en buen estado. Al final del contrato, la propiedad debe ser regresada.

Una gran responsabilidad del arrendador es mantener el lugar en condiciones habitables y que no interfiera al inquilino con el uso y disfrute de la propiedad.

Su acuerdo le dirá el término del contrato (meses, años), el monto de la renta y la fecha de pago, cuando la renta puede ser incrementada, el monto del depósito y cuando se lo regresarán, que pasa si no paga la renta, si puede tener mascotas, parrilleras y otros artículos, varios deberes y responsabilidades del inquilino y el arrendador.

El depósito de seguridad es actualmente un "depósito de daños" e iguala a la mitad de dos meses de renta. Este depósito es para cubrir el costo de reparaciones del apartamento que sea en exceso de "usos y daños normales". Muchos estados requieren que su depósito sea devuelto en un período específico de tiempo, usualmente 30 días después que se caduca su contrato.

No le tenga miedo a su arrendador. Usted tiene muchos derechos, especialmente si esta cuidando muy bien la propiedad.

El uso y deterioro es normal en un término que refiere a cosas que se esperan que pasen mientras un apartamento o casa esté ocupada: sucio en las paredes y uso normal de las alfombras en áreas de alto tráfico están en esta categoría y los arrendadores usualmente no pueden cobrar por ésto. Pero si por ejemplo, hay marcas de creyones por todas las paredes o manchas grandes en la alfombra, probablemente le cobrarán por las reparaciones.

Es importante que inspeccione la propiedad antes que firme el contrato de arrendamiento. Si encuentra cualquier tipo de daño, asegúrese que haga y mantenga una lista de estas condiciones. Dele una copia de la lista al arrendador y asegúrese de que esté de acuerdo con usted y así no tendrá que pagar por ésto. Si éste daño no está en la lista, podría ser cobrado por la reparación cuando se mude.

Como cualquier documento, lea el contrato muy cuidadosamente, entiéndalo y manténgalo seguro.

Si cualesquiera de los términos del contrato no son cumplidos, ya sea por el arrendador o por el inquilino, debería contactar a un abogado local especializado en leyes del arrendador-inquilino. Busque en las páginas amarillas por un abogado, llame a algunos y pregúnteles si se encargan de conflictos entre arrendadores e inquilinos.

Bank Accounts

You have many choices to manage your money. You can have your accounts at banks, savings and loan associations or credit unions. Ask them if they have literature printed in your language, many do.

There are many, very good reasons for opening a bank account. Having your money in a bank is much safer than keeping your cash at home or in your pocket or purse. Immigrants are robbed more often because thieves think there is a good chance they will have large amounts of cash on them. It is widely believed that many new immigrants don't use banks and the robbers believe it too.

A bank account isn't as expensive as buying money orders to pay your bills or paying a business to cash your paycheck. If you are sending money to family in your home country, a bank might be able to handle the transfers much faster and cheaper than the wire transfer companies that you use now. Some banks now have special accounts and cards set up to immediately transfer money to customers' relatives in another country.

A bank account could help you save money, too, since it is easier to spend money in your pocket than it is if you keep it in a bank and have to write a check or go there to get cash out. Having a bank account may make it easier to keep track of your money and how you spend it. You also may have to show you have a bank account to get some kinds of credit, which is another good reason to have a bank account.

Choosing a bank account is like choosing anything else. Many different accounts are available – with different features and benefits and different charges for those features. Because these costs and features vary greatly, it is important to shop around to make sure the account you choose is the best one for you.

Make sure your money is fully protected by depositing it in a federally insured institution. Most banks and savings institutions are federally insured, but a few aren't, so until you are sure of what to look for, it is a good idea to use a local bank or a large well known one.

Checking Accounts

Most people have a checking account. You deposit money into the account and you write checks to withdraw your money from the account. You can use checks to pay your bills, purchase products and services (but some businesses won't accept personal checks for purchases) and send money in the mail. You can also use checks to transfer money into

Cuentas Bancarias

Usted tiene muchas opciones para manejar su dinero. Puede tener sus cuentas en bancos, Asociaciones de préstamo o cuentas cooperativas de crédito (significa en Inglés "Credit Unions"). Pregúntele al banco si tienen literatura escrita en su lenguaje, muchos la tienen.

Hay muchas razones buenas para abrir una cuenta bancaria. Es más seguro tener su dinero en el banco que mantenerlo en efectivo en la casa, bolsillo o cartera. Inmigrantes son robados más a menudo por que los ladrones piensan que hay un buen chance de que tengan grandes montos en efectivo. Generalmente se cree que muchos inmigrantes nuevos no usan bancos y los ladrones lo creen también.

Los servicios de una cuenta bancaria no son tan costosos como comprar "money orders" para pagar sus cuentas o pagarle a un negocio para que le cambie sus cheques. Si está enviando dinero a su familia a su país, un banco puede ocuparse de su transferencia más rápido y más barato que las compañías que usa ahora para hacer su envío. Algunos bancos ahora tienen cuentas especiales y tarjetas preparadas para transferir dinero de inmediato a familiares de los clientes en otros países.

Una cuenta de banco también le puede ayudar a ahorrar dinero, por lo que es más fácil gastar el dinero que tiene en el bolsillo, que el que mantiene en el banco, ya que tiene que escribir un cheque o ir al banco para hacerlo efectivo. Teniendo una cuenta bancaria (le facilitará) llevar un record de su dinero y como lo gasta. También pueda que tenga que mostrar que tiene una cuenta bancaria para obtener algunos tipos de crédito, lo cual es otra buena razón para tener una cuenta bancaria.

Escoger una cuenta de banco es como escoger cualquier otra cosa. Muchas cuentas están disponibles con beneficios y características distintas y cargas diferentes. Como estos costos y aspectos varían considerablemente, es muy importante recorrer todas las secciones para asegurarse que la cuenta que escogió es la mejor para usted.

Asegúrese que su dinero esté completamente protegido depositándolo en una institución federal asegurada. Muchos bancos e instituciones de ahorro son asegurados federalmente, pero pocos no lo son, por lo tanto hasta que esté seguro de lo que está buscando, es buena idea usar un banco local o uno bien conocido.

Cuentas Corrientes (Checking)

Muchas personas tienen cuentas corrientes. Usted deposita dinero en su cuenta y escribe un cheque para sacarlo de la cuenta. Puede usar cheques para pagar sus cuentas, comprar productos y servicios (pero algunos negocios no aceptan cheques personales para compras) y enviar el dinero por correo. También puede usar cheques para transferir dinero a cuentas en otros bancos. Tiene acceso rápido, conveniente y frecuente a su dinero. Usualmente usted accounts at other banks. You have fast, convenient and frequent access to your money. Usually you can make deposits into the account as often as you choose. Most banks will let you withdraw or deposit money at an automated teller machine (ATM) and pay for purchases at stores with your ATM/debit card.

Some checking accounts pay interest, others don't, ask your bank if it pays interest. If it does, it will show up on your statement each month and you can see how much you got.

Banks might charge fees on checking accounts, besides a charge for the checks you order from them. Fees vary. Some charge a fee based on the lowest balance you have in your account any day in a month, others charge the fee regardless of the balance in your account. Some charge a fee for every transaction, such as each check you write or each withdrawal or each time you use an ATM. Many charge a combination of these fees and there are some with no fees if you keep a certain minimum balance or are a senior citizen.

A checking account that pays interest might seem better than one that doesn't, but it is important to look at fees for both types of accounts. Sometimes checking accounts that pay interest charge higher fees than they do for regular checking accounts, so you could end up paying more in fees than you earn in the interest they pay you. Get the fee schedule at the banks you are thinking about opening an account with and make sure you compare them and understand their charges.

Important: every time you write a check, make a deposit, withdraw cash from the ATM or pay for something with your ATM/debit card, be sure to write it in the check book register right away or you won't know how much money is in your account. (You'll get the register when you get your checks.) Fees are very high for a check that is written without having enough money in the account to cover it (called an overdraft). The common name for this is a "bounced check", as if it is made of rubber. Stores that receive a bad check from you will probably not accept one next time and very often they will charge you for the bounced check, too.

Many banks offer very basic accounts that give you a limited set of services for a low monthly charge. You might be limited in the number of checks you can write each month or the number of deposits and withdrawals you can make. Compare the accounts the banks offer you and decide which one fits your needs and gives you the best deal. If you get an account and discover it isn't right for you, talk to the manager and switch to a different account.

Every month when you get your statement from the bank, spend some time to make sure the figures in your check book match the ones in the statement. If you think the bank has made a mistake, ask them about it, but puede hacer depósitos a su cuenta tan a menudo como lo decida. Casi todos los bancos le dejarán sacar o depositar dinero de un cajero automático (ATM) y pagar por las compras en la tienda con su tarjeta de ATM/débito.

Algunas cuentas corrientes pagan interés, otras no, pregúntele a su banco si la suya paga interés. Si paga, lo verá en su relación bancaria cada mes y usted puede ver cuanto fue el incremento.

Los bancos puedan que cobren tarifas en cuentas corrientes, a parte del cobro por los cheques que les ordene.

Los recargos varían; algunos cobran al balance mas bajo que tenga en su cuenta cualquier día del mes, otros lo cobran no importa el balance de su cuenta. Algunos cobran sobrecargos por cualquier transacción, como cada cheque que escriba o cada retiro cada vez que use el ATM. Muchos cobran una combinación de estos cargos y hay algunos que no lo hacen si mantienen cierto balance o si es una persona mayor.

Una cuenta corriente que paga interés pareciera mejor que la que no-paga, pero es importante mirar las tarifas de los dos tipos de cuenta. Algunas veces las cuentas corrientes que pagan interés cobran cargos más altos que las cuentas corrientes regulares, por lo tanto puede terminar pagando más en los sobrecargos que lo que gana en los intereses que le pagan. Obtenga la información de los recargos de los bancos donde está pensando abrir una cuenta y asegúrese de comparar y entender sus cargos.

Importante: Cada vez que escriba un cheque, haga un depósito, o retire efectivo del ATM o pague por algo con su tarjeta de ATM/débito, asegúrese de escribir en el libro de registro de su chequera en ese momento o no sabrá cuanto dinero está en su cuenta (tendrá el libro de registro cuando obtenga sus cheques). Los cobros de cheques sin fondo son muy altos y se llaman (overdraft). El nombre común de esto es un cheque rebotado (bounced checks) como si estuvieran hechos de goma. Tiendas que hallan recibido un cheque suyo malo probablemente no aceptarán otro, la próxima vez y muy frecuentemente le cobrarán también por el rebote del cheque.

Muchos bancos ofrecen cuentas muy básicas que le dan un paquete limitado de servicios por un costo bajo mensual. Puede estar limitado en él número de cheques que pueda escribir cada mes o el número de depósitos y retiros que pueda hacer. Compare las ofertas de las cuentas de bancos y decida cual se ajusta a sus necesidades y le da el mejor arreglo. Si obtiene una cuenta y descubre que no es la correcta, hable con el gerente y cámbiese a una cuenta diferente.

Cada mes que obtenga su relación bancaria, dedique un tiempo para asegurarse que las cifras en su libro de control de cheques concuerdan con el usually you are the one who has made the mistake. Use a calculator and subtract every withdrawal and fee and add every deposit and interest payment, be sure your figures match the statement.

Savings Accounts

Most banks offer more than one type of savings account, usually passbook savings and statement savings. With a passbook savings account you get a record book and the bank prints your deposits and withdrawals in it. You have to show the record book each time you make deposits and withdrawals. With a statement savings account, you get a receipt for each transaction and the bank mails you a statement that shows your withdrawals and deposits for the month.

With savings accounts, when you make withdrawals, you use withdrawal slips in the bank, you don't write checks. The number of withdrawals or transfers you can make on the account each month, without additional charge, is sometimes limited.

There are various fees on savings accounts, too, ask the bank for the fee schedule and have someone there explain it to you.

Certificates of Deposit (CD)

Certificates of deposit or CDs usually offer a guaranteed rate of interest for a specific term, such as six months or a year. CDs allow you to choose the length of time that your money is on deposit: terms can range from several days to several years. Once you have chosen the term, you have to keep your money in the account until the term ends (maturity). Some financial institutions allow you to withdraw the interest you earn even though you can't take out any of your original deposit (the principal).

Since you have agreed to leave your money in the CD for the term, the bank pays a higher rate of interest than it would for a savings account. The longer the term, the higher the annual percentage of interest you will earn.

Sometimes you'll be allowed to withdraw the principal before maturity, but a large penalty is almost always charged. The penalty might be larger than the amount of interest you earned, so you could actually lose some money. Don't take your money out of a CD before maturity unless it is for an emergency.

You will be notified before the maturity date for most CDs. They often renew automatically, so if you don't tell the institution just before maturity that you want to take your money out, the CD will roll over (continue) for another term and you will have a large penalty if you take it out before *that* term is over.

There are also Money Market Accounts for savings, these get a higher listado o relación del banco. Si usted piensa que el banco cometió un error pregúntele acerca de esto, pero usualmente usted es quién ha hecho el error. Use la calculadora y reste cada retiro y recargo y sume cada depósito y pago de interés, asegúrese que sus cifras sean iguales con la relación del banco.

Cuentas de Ahorro (Savings)

Muchos bancos ofrecen más de un tipo de cuentas de ahorro, usualmente son la libreta de ahorros y el estado de cuenta de ahorros. Con una cuenta de ahorro con libreta, el banco le da una libreta de registro en la cual se imprimen sus depósitos y retiros. Debe mostrar su liberta cada vez que haga una depósito o un retiro. Con el estado de cuenta de ahorro se obtiene un recibo por cada transacción y el banco le envía su estado de cuenta donde muestra las transacciones de depósitos y retiros del mes.

Cuando haga un retiro en las cuentas de ahorro use un comprobante de retiro bancario, no escriba cheques. El número de retiros o transferencias que puede hacer en la cuenta cada mes sin cargos adicionales, a veces es limitado.

También hay varios recargos en las cuentas de ahorro. Consúltele al banco por los recargos establecidos y solicite explicación sobre éstos.

Certificados de Depósitos a Plazo Fijo (CD)

Los CD (Certificados de Depósitos a Plazo Fijo) que significa en Inglés (Certificate of Deposit) usualmente ofrecen una tasa de interés garantizada por un período específico, de seis meses a un año. Los CD le permite escoger el período de tiempo durante el cual su dinero permanecerá depositado: los términos de tiempo pueden fijarse desde varios días hasta varios años. Una vez que se definen los términos, debe mantener su dinero en la cuenta hasta que el período termine (vencimiento). Algunas instituciones financieras permiten que retire el interés obtenido a pesar de que no pueda retirar nada de su depósito original (el capital).

Desde que usted ha acordado dejar su dinero en el CD durante un período de tiempo, el banco le paga una tasa de interés más alta que la que tuviera por una cuenta de ahorros. Mientras más largo sea el período, más alto será la TASA de interés que obtendrá.

Algunas veces se le permitirá retirar el capital antes de la madurez del período, pero casi siempre es penalizado con un alto recargo. La penalización debe ser mayor que el monto del interés ganado, es decir que actualmente pudiese perder algo de dinero. No retire el capital depositado en el CD antes del período de vencimiento, a menos que sea por una emergencia.

En la mayoría de los CD, al cliente se le avisa con anticipación la fecha de su vencimiento. A menudo se renuevan automáticamente, por lo que si no se le avisa a la institución antes de su vencimiento que se desea retirar el dinero, el CD (continuará) renovándose por otro período y usted tendrá una alta penalización si lo retira antes de que ese *otro* período finalice.

También hay cuentas de ahorro llamadas "Money Market", éstas ofrecen rate of interest and can be accessed easier than CDs but not as easy as a checking account. Ask your bank about these accounts.

Credit Union Accounts

Credit unions offer accounts that are similar to accounts at other banks, but they use different names. Credit union members have "share draft" accounts (checking), "share" accounts (savings), and "share certificate" accounts (certificate of deposit). Large companies or labor unions often offer membership in a credit union to their members.

What Type of Account is Best?

Choosing the best account for you will depend on how you plan to use the account. If you have a fairly large amount of money that you don't need for several months or longer, a CD will earn higher interest for you. Don't put your money into a CD unless you are very sure it can remain there for the full term you choose.

If you need frequent access to your money, savings or checking accounts would be better. A checking account is probably best if you plan to write several checks each month to pay bills. Even if you don't write many checks each month, it is good to have a checking account for the times you do have to write a check. Then you could also have a savings account so you will earn some interest on the money there.

Remember, account features and fees vary in different banks. If you have questions, you should ask a bank representative about any account features and fees *before* you open an account. Be sure you understand the answers. Once you have an account at a bank, you can certainly close the account and switch your money to another bank, but it is better to find a bank that you will be happy staying with for a while. A better alternative would be to switch later to a better account in the same bank.

The law requires banks to provide you with the important terms of their consumer accounts. Institutions are required to tell you: the annual percentage yield and interest rate, fees that might be charged, and information about other features such as ways to avoid additional fees and any minimum balance amount required to earn interest.

You should be given this information before you actually open an account. Remember, if you ask for it, the bank *must* give you information about any consumer deposit account the institution offers. Interest and fee information is printed on any statements sent to you, look at your statement each time you receive it.

So do your homework and ask questions before you decide on a bank and open an account. Some questions to ask might be:

How many checks can I write each month? Is there a charge for una tasa de interés más alta y pueden obtenerse más fácil que los CD pero no tan fácil como la cuenta corriente. Consulte a su banco sobre estas cuentas.

Cuentas Cooperativas de Crédito (Credit Union)

Las Cooperativas de Crédito ofrecen cuentas que son similares a otros bancos, pero usan nombres diferentes. Miembros de cooperativas de crédito "comparten giros" en cuentas (corrientes), "comparten" cuentas de (ahorro), y "comparten certificados" cuentas de (certificados de depósito a plazo fijo). Compañías grandes o Uniones Laborales ofrecen a menudo membresías en Cooperativas de Crédito a sus miembros.

¿Que Tipo de Cuenta es la Mejor?

Seleccionando la mejor cuenta para usted dependerá en como planee usar esta cuenta. Si tiene una suma de dinero bastante grande que no necesite por varios meses o más, una cuenta a plazo fijo (CD) siglas en Inglés, obtendrá un interés más alto para usted. No ponga dinero en un CD al menos que esté seguro que el dinero pueda permanecer por el término completo que escogió.

Si necesita acceso frecuente a su dinero, cuentas de ahorro o corriente serían mejor. Una cuenta corriente es probablemente la mejor, si planea escribir varios cheques cada mes para pagar sus cuentas. Así no escriba muchos cheques cada mes, es bueno que tenga una cuenta corriente para esas veces que tenga que escribir un cheque. Entonces también puede tener una cuenta de ahorros para que obtenga interés en ese dinero.

Recuerde que los estados de cuenta y sobrecargos varían en diferentes bancos. Si tiene preguntas, debería consultarle al representante del banco acerca de cualquier beneficio de la cuenta y sobrecargo *antes* que abra una cuenta. Asegúrese que entienda las respuestas. Una vez que tenga una cuenta en el banco, usted puede cancelar la cuenta y cambiar su dinero a otro banco, pero es mejor encontrar un banco con el que permanezca contento por un período de tiempo. Una mejor alternativa sería cambiarse después a una mejor cuenta en el mismo banco.

La ley le requiere a los bancos que provean a sus consumidores con unos términos importantes de sus cuentas. A estas instituciones le requieren que digan: el porcentaje anual, tipo de interés, recargos que pueden ser cobrados e información acerca de otros beneficios ya sean las formas de evitar cargos adicionales y cualquier balance mínimo o monto requerido para obtener interés.

Los bancos le deberían dar esta información antes que abra su cuenta actualmente. Acuérdese si pregunta por ésta, el banco le *debería* dar información del consumidor acerca de cualquier cuenta de depósito que la institución ofrece. La tasa de interés e información de tarifa, está publicada en los estados de cuenta que le envían, revíselo cada vez que lo reciba.

Entonces haga su tarea y haga preguntas antes de decidir en abrir una writing checks? How much does it cost to order blank checks?

Is there a limit on the withdrawals I can make in a month?

Will I earn interest? What is the interest rate?

Does the bank pay different rates of interest depending on the amount of my account balance? What is the minimum balance required before I begin earning interest?

What are the fees and charges? What are the fees for a bounced check?

Can I use ATMs to make deposits and withdrawals and is there a charge for this service? Is there a charge if I use an ATM owned by another bank?

Will the fees be lower if I have more than one account in this bank or if I have paychecks deposited automatically?

It might sound confusing, but the answers to all these questions and many more are on the printed fee schedules they have and will give you. Compare the different banks and decide which one is best for you. Banks want your business and will answer your questions and give you their fee schedules.

ATM & Debit Cards

For many accounts, banks will issue you a debit card. It will look like a credit card, and will even have a credit card logo on it, but it is for use in an Automated Teller Machine (ATM) and lets you have 24 hour access to money in your account. One debit card can cover several accounts at the bank. You can also use your debit card for purchases in many stores.

When you use a debit card, money comes directly and *immediately* out of your account. ATM withdrawals and purchases are listed on your monthly statement so you can keep track of your spending. Be sure to write the amount you just spent in your checkbook register or you might not have enough money in your account when you write the next check or use the ATM card. And you would also be charged for an overdraft.

The ATM or debit cards do not give credit. They also do not help you build a credit record.

Your bank will give you a personal identification number (PIN) to use with your card, which is the same thing as a password to access your account. With your card and PIN, you can withdraw cash, make deposits or transfer money between accounts. You can also pay for purchases in stores with most cards. You can usually change the PIN to a number you like better. Don't pick a PIN that anyone could guess if they want to use your card. Don't use your birthday, your address, your license number or another easy one that people can guess. Never write the PIN on the card or on a slip of paper kept with your card. It is a secret number: no one can cuenta en un banco. Algunas de las preguntas que puede hacer:

¿Cuántos cheques puedo escribir cada mes?

¿Hay algún cobro por escribir cheques? ¿Cuánto cuesta ordenar cheques en blanco?

¿Hay un límite en los retiros que pueda hacer en un mes?

¿Obtendré interés? ¿Cuál es la tasa de interés?

¿Paga el banco diferentes tasas de interés dependiendo del balance de mi cuenta? ¿Cuál es el balance mínimo requerido antes que comience a ganar interés?

¿Cuáles son las tarifas y cobros? ¿Cuáles son los tarifas de un cheque rebotado?

¿Puedo usar ATM's (cajeros) para depósitos y retiros, y hay un cobro por este servicio? ¿Hay cobro si uso el cajero (ATM) de otro banco?

¿Serán los cargos más bajos si tengo mas de una cuenta en este banco o si tengo mis cheques de pago depositados automáticamente?

Puede sonar confuso, pero las respuestas a todas estas preguntas y muchas más están escritas en la lista de tarifas que ellos tienen y que le darán. Compare a varios bancos y decida cual es mejor para usted. Los bancos quieren su afiliación y responderán sus preguntas y le darán sus listas de tarifas.

Cajeros Automáticos (ATM) o Tarjetas de Débito

Para muchas cuentas, los bancos le emitirán una tarjeta de débito que tendrá el logotipo de una tarjeta de crédito, pero es para el uso de un cajero automático (ATM), y les deja tener 24 horas de acceso en su cuenta. Una tarjeta de débito puede cubrir varias cuentas en el banco. También puede usar su tarjeta de débito en muchas tiendas.

Cuando usa una tarjeta de débito, el dinero sale *inmediatamente.* Los retiros del cajero (ATM) y de compras los encontrará en el listado de su estado de cuenta mensual para que pueda mantener record de sus gastos. Asegúrese de escribir el monto que gastó en el libro de registros de su chequera, para saber con cuanto dinero cuenta cuando haga el próximo cheque o use el cajero (ATM). También se le cobraría por sobregiro.

El cajero (ATM) o las tarjetas de débito no le dan crédito, tampoco ayudan a obtener un historial de crédito.

Su banco le dará un número de identificación personal "PIN" que en Inglés significa (Personal Identificación Number) para que use su tarjeta, lo cual es lo mismo que una clave para chequear su cuenta. Puede hacer retiros, depósitos o transferencias de dinero entre cuentas con su tarjeta y PIN. Con casi todas las tarjetas puede pagar por comprar en las tiendas. Puede cambiar usualmente él número del PIN a uno que le guste mejor. No escoja un PIN que cualquiera pueda adivinar, en caso de que quieran usar su tarjeta. No use su fecha de cumpleaños, su dirección, su número de licencia o cualquier otro fácil que cualquiera pueda adivinar. Nunca escriba el PIN en la tarjeta, ni mantenga un pedazo de papel con éste junto con la tarjeta. Es un número get your money with the card unless they also know the PIN.

Take your ATM receipt after completing a transaction, this will help you remember the amount so you can write it in your checkbook. It will also serve as proof if there are discrepancies in your bank statement.

When you withdraw cash, some ATMs charge a fee if you are not at a machine they own. ATMs must disclose the fee on the terminal screen or on a sign next to the screen. That amount will be deducted from your account, too. Read the instructions on the screen as you use the ATM.

> *Remember: keep your PIN secret. No one can use your ATM card unless they know the PIN too.*

Report a lost or stolen ATM/debit card to the bank *immediately*. If you report an ATM card missing before it is used without your permission, you are not responsible for any unauthorized withdrawals. Federal laws limit your liability to $50 if you report the loss within two business days after you discover your card is missing, and to $500 if you report the loss between two and 60 days. Under federal law you could lose all the money in your bank account if you fail to report an unauthorized transfer or withdrawal within 60 days after your bank statement is mailed to you. This is another reason to check your statements as they come in each month.

However, most banks limit your liability to zero if you report the loss within two business days, and to $50 if you report it more than two business days after realizing your card is missing. Keep track of your ATM card and report it if it is lost. You are not responsible for funds withdrawn after you notify the bank that the ATM card is lost or stolen. They can issue you a new card with a new PIN number.

When you use a debit card for purchases, these purchases will be shown on your monthly statement for your bank account. Keep your receipts and if there is an error on your account, contact your bank. When you use an electronic funds transfer, federal law does not give you the right to stop payment. It is up to you to solve the problem with the seller. So if you think a mistake has been made, ask about it right away.

Tips to Limit Fees

There are ways to limit the bank fees you pay:

Banks want their customers to do all of their banking with them, so if you have more than one account at the bank, ask if you qualify for no-fee or low-fee offers. Ask if your accounts can be combined so you can meet any minimum balance requirement they have.

If you don't need your canceled checks back each month, you might get a better rate. They keep a copy of each check for you.

secreto: Nadie puede quitarle su dinero si tienen su tarjeta al menos que tenga el número.

Tome su recibo del cajero (ATM) después de completar su transacción, esto le ayudará a recordar el monto para que lo escriba en la chequera. También le servirá como prueba, en caso de un error en su estado de cuenta.

Cuando retire en efectivo, algunos cajeros (ATM) cobran tarifa si no usa la máquina de ellos. Los cajeros (ATM) deben desglosar la tarifa en la pantalla o en un aviso al lado de la pantalla. Ese monto también será descontado de su cuenta. Lea las instrucciones en la pantalla cuando use el cajero (ATM).

Reporte al banco *inmediatamente* si su tarjeta esta perdida o robada. Si reporta la tarjeta de (ATM) como perdida antes que la usen sin su permiso, usted no será responsable por los retiros sin autorización. Las leyes federales limitan su responsabilidad a $50.00 si reporta la pérdida en dos días hábiles después que descubra que su tarjeta esta desaparecida, y a $500 si reporta la pérdida entre 2 y 60 días. Bajo la ley federal, puede perder todo el dinero en su cuenta bancaria si falla al reportar una transferencia o retiro sin autorización en el período de 60 días después que su estado de cuenta le es enviado por correo. Esta es otra razón para que revise su estado de cuenta cuand venga cada mes.

> *Recuerde: Mantenga su clave (PIN) en secreto. Nadie puede usar tu tarjeta a menos que ellos sepan su (PIN) también.*

Sin embargo, muchos bancos limitan la responsabilidad a cero si reporta la pérdida en dos días hábiles después que se dé cuenta que su tarjeta está perdida. Mantenga récords de su tarjeta de ATM y repórtela si está perdida. Usted no es responsable por los fondos retirados después que le notifique al banco que la tarjeta de ATM está perdida o robada. Ellos pueden darle una tarjeta nueva con un número nuevo de PIN.

Cuando use una tarjeta de débito para compras, estas compras estarán en el estado de cuenta mensual de su cuenta de banco. Conserve sus recibos y si hay un error en su cuenta, contacte su banco. Cuando haga transferencias bancarias las leyes federales no le dan el derecho a cancelar el pago. Depende de usted a que resuelva el problema con la institución que haga la transferencia. Por lo tanto, si piensa que se ha cometido un error, pregunte inmediatamente.

Información (Tips) para Reducir Tarifas

Hay maneras de limitar las tarifas del banco:

Los bancos quieren que todos sus clientes hagan todas las transacciones bancarias con ellos. Por lo tanto si tiene más de una cuenta en el banco, pregunte si califica para oferta de no tarifa o baja tarifa. Pregunte si sus cuentas pueden ser combinadas y usted de ésta manera puede tener el mínimo balance requerido que ellos pidan.

If you don't write many checks each month, ask if the bank has a "basic" banking account, which might have a lower fee. But ask about the costs of switching any accounts before you do that.

If you arrange for "direct deposit" of your paycheck (your employer deposits your pay directly in your bank), you might get a lower fee. Since the direct deposit is done *on payday* and sometimes even the day before, having funds automatically deposited into your account also might avoid bounced checks.

Ask if there are special rates if you always keep a certain minimum amount in your account or do a lot of your banking through ATMs or at home by computer.

Use your own bank's ATMs or those owned by institutions that don't charge fees to non-customers to limit or avoid surcharges at the ATM. If you do pay a fee, think about withdrawing larger amounts each time to cut down on the number of transactions. Often you can take some extra cash out of your account when you pay for groceries or other items with your debit card and there is rarely any charge to do that.

Balance your checkbook every month so you don't bounce checks.

Ask about "overdraft" protection, this is a service where the bank will automatically honor (for a short time) a check you write even if you don't have enough money in the account.

Buy checks from less expensive sources, like mail-order companies, instead of through the bank. If you write a lot of checks each month, the savings could be worth it to you.

Some Ways to Get Better Rates

Talk to a representative at your bank every year or two, to make sure you're signed up for the best programs for you. There might even be an account that you didn't know about or didn't qualify for before. Sometimes you can make minor changes to your banking practices and get a higher interest rate or lower fees. Often if you have a good record at the bank you can qualify for a lower interest rate on a loan or credit card.

You can have your bank automatically withdraw money from your accounts and make some of your regular payments, such as your mortgage, health insurance premiums or utility bills. That can be an easy alternative to writing and mailing a lot of checks each month and the payments are always on time. But don't forget to write all those automatic payments in your checkbook register each month. Banking from home, by phone or computer, also can be a time-saver.

Every few years (or more often), comparison-shop to see if you could do better at another bank. Start by listing the products and services you really use; checking, ATM, savings, etc, and the interest rates and fees you

Si no necesita los cheques cancelados de vuelta cada mes, le puede dar un mejor porcentaje, ellos se quedan con las copias de cada cheque.

Si no escribe muchos cheques cada mes, pregunte si el banco tiene una cuenta bancaria "básica", la cual puede tener una tarifa más baja. Pero pregunte cuál es el costo para cambiar cualquier cuenta antes que lo haga.

Si hace arreglos para "depósitos directos" de sus cheques de pago (su empleador deposita el pago directamente en su banco), y puede obtener una tarifa más baja. Como el depósito directo es hecho *en el día de pago* y a veces hasta un día antes, le da la ventaja de tener fondos automáticamente en su cuenta, lo cual puede prevenir cheques rebotados.

Pregunte si hay precios especiales si siempre mantiene cierto monto mínimo en su cuenta, o hace todas sus transacciones de banco a través del cajero (ATM) o en la casa desde su computadora.

Use el cajero (ATM) de su banco o de esas instituciones que no cobran tarifas por no ser miembro, para que limite sobrecargas del cajero (ATM). Si usted tiene que pagar una tarifa, asegúrese de retirar cada vez, montos más grandes para que reduzca el número de transacciones. A veces puede retirar dinero extra de su cuenta cuando paga por alimentos u otros artículos con su tarjeta de débito ya que hay muy raramente cargos por hacerlo.

Balancee su chequera cada mes para que no le reboten los cheques.

Consulte a cerca de la protección por "sobregiros", éste es un servicio donde el banco automáticamente le cubre (durante un corto tiempo) por un cheque que usted halla emitido aún cuando no tenga fondos en su cuenta.

Compre los cheques a proveedores menos costosos, como a compañías que se les puede ordenar cheques por correo, en vez de ordenar al banco. Si usted escribe muchos cheques cada mes, el ahorro puede resultarle de gran beneficio.

Manera de Obtener Mejores Tarifas

Hable con el representante de su banco cada uno o dos años para asegurarse que tiene el mejor programa para usted. Podría haber una cuenta de la cual no estaba enterado o que no calificaba por esta anteriormente. Algunas veces puede hacer cambios menores a sus transacciones bancarias y obtener altas tasas de interés o bajas tarifas. A veces si tiene un buen record en el banco puede calificar por un interés más bajo en un préstamo o tarjeta de crédito.

Puede hacer que su banco retire dinero de su cuenta automáticamente y haga con este algunos de sus pagos regulares como los de su hipoteca, seguro de salud o servicios públicos. Esta puede ser una alternativa más fácil en vez de escribir y enviar por correo muchos cheques cada mes, con ésto los pagos siempre estarían a tiempo. Pero no se le olvide escribir todos esos pagos automáticos en su chequera cada mes. Operaciones bancarias desde su hogar, por teléfono o computadora, también pueden ser un ahorro de tiempo.

Cada pocos años (o más a menudo) compare, busque si le puede ir mejor pay. Now compare your bank with others in your area. You might discover that you can earn or save a lot of money by using another bank. The best discovery would be that your own bank still offers the best deal. If you do find a slightly better deal at another bank, your bank might be willing to make concessions to keep you as a customer. Then you won't have to go through the trouble of switching banks.

Avoid Problems

Read the fine print. If an account is advertised as "no cost", it does not mean you will never incur a cost. An institution can't advertise a "free" checking account if they sometimes charge a maintenance or activity fee, but a bank can offer a free account and still have charges for printing checks, using ATMs and bounced checks. Also, a special interest rate on a credit card or a deposit is often just a short-term, introductory rate. If you don't understand all the written information they give you, ask someone to explain it to you.

Keep good records. Always keep your receipts for deposits, ATM withdrawals, credit card charges and other transactions at least long enough to check that your bank book agrees with the monthly bank statements. It's okay to throw them away later, but be sure to rip them up or put them in a shredder so that a thief can't use them. Be sure to keep copies of any contracts or other documents you sign with the bank (loan, CD, etc.), along with any other literature they give you. If there is ever a problem, you'll need those documents as proof.

A good banker can be an excellent source of advice and information if you want to start or expand a business, buy a car or home, qualify for a loan or solve a debt problem. The banker also might be able to give you the names of good contacts in other businesses (CPA, attorney) that could help you.

Your bank also might have a customer newsletter and probably has a website to help you handle your finances. Some banks offer seminars on saving for a child's college education, your retirement or other subjects. Ask your bank if they offer seminars, they are probably mentioned in the literature with your monthly statement.

Everything you learn about your rights and responsibilities as a consumer can help you avoid extra charges and misunderstandings and get any problems taken care of quickly.

en otro banco. Comenzando con una lista de los productos y servicios que usted realmente necesite, cuenta corriente, cajero (ATM), cuenta de ahorro, etc., y tasa de interés y tarifas que usted paga. Ahora compare su banco con otro banco en su área. Usted puede darse cuenta que puede ganar o ahorrar bastante dinero si usa otro banco. El mejor descubrimiento sería que su banco todavía tiene la mejor oferta; si consigue una oferta un poco mejor en otro banco, pueda que su banco esté dispuesto a hacer cambios para conservarlo como cliente. Entonces no tendría el problema de pasarse a otro banco.

Evite Problemas

Lea las notas escritas en letras pequeñas. Si una cuenta está promocionada "sin costo" esto no significa que nunca tendrá un costo. Una institución no puede promocionar una cuenta corriente "gratis" si algunas veces cobran una tarifa de mantenimiento o actividad, pero un banco puede ofrecer una cuenta gratis y todavía tener cobros por imprimir cheques, usar el cajero (ATM) y cheques rebotados. También la tasa de interés en una tarjeta de crédito o débito es a menudo por corto tiempo solamente una tasa introductoria. Si no entiende toda la información escrita que ellos le dan pídale a alguien que le explique.

Mantenga buenos récords. Siempre conserve sus recibos de depósitos, retiros del cajero (ATM), cargos de tarjetas de crédito y otras transacciones por lo menos por suficiente tiempo para revisar si su chequera concuerda con los estados de cuenta mensualmente. Está bien si los bota después, pero asegúrese de romperlos o ponerlos en un triturador de papel para que un ladrón no los pueda usar. Asegúrese de conservar copias de cualquier contrato o documentos que le firme al banco (préstamo, certificado de depósito "CD", etc.), acompañados de cualquier información adicional que le den. Si alguna vez hay un problema, usted necesitará esos documentos como prueba.

Un buen banquero puede ser un excelente recurso de consejo e información si quiere comenzar o expandir un negocio, comprar un carro o casa, calificar para un préstamo o resolver el problema de una deuda. El banquero también podría ser capaz de darle los nombres, de contactos buenos en otros negocios (contador, abogado) que pudieran ayudarlo.

Su banco también podría tener un boletín informativo para el cliente y probablemente tenga una página Web para ayudarlo a manejar sus finanzas. Algunos bancos ofrecen talleres de ahorros para la educación del colegio de su niño, su jubilación u otros tópicos. Pregúntele a su banco si ofrece talleres, probablemente están mencionados en las informaciones anexas con su estado de cuenta mensual.

Todo lo que aprenda acerca de sus derechos y responsabilidades como consumidor puede ayudarlo a evitar cobros extras y malentendidos y solucionar cualquier problema rápidamente.

If You Have a Problem

Don't be afraid to complain. Bank employees and managers don't enjoy hearing from unhappy customers, but they want you to take problems to them. They want the chance to fix them instead of you switching banks or telling all your friends about "that terrible bank". If you don't get the solution to the problem from a customer service representative, ask to talk with the manager. If you still have problems, you can contact the federal agency listed at the end of this section.

Ask the manager for a break if you have a problem. If you have been a good customer and don't have a history of bounced checks or other problems, your bank might be willing to reduce or waive a fee or penalty. You should talk to your banker if you are having problems repaying a bank loan. Explain the situation and any unusual circumstances (illness, job loss, etc.). The banker might agree to temporary or permanent reductions in your loan interest rate, monthly payments or charges. But remember, they are more willing to do this if you have had a clean record in the past.

Read your monthly statements when they arrive. Your bank statements, credit card bills and other mail from your bank probably aren't very exciting, but they might be the most important thing you will read some months. Notices of new fees or penalties for certain accounts will be in the envelope and it might be your only notice. If you don't know about these changes, and you don't notice the higher fees on your next monthly statements, you could end up paying more for your banking and not even realize it. You could even bounce a check.

An important reason to review your bank statement as soon as possible after it arrives is to make sure there are no unauthorized charges. If you suspect that a criminal has used one of your checks or your debit card, call the bank *immediately*. Under most state laws, you are required to exercise "reasonable promptness" in checking any bank statement that shows payments from your account.

What If You Want to Switch Banks?

If you're moving, getting married, or unhappy with your current bank, you might decide to switch banks. The switch to a new bank will go much smoother if you do some things before you switch:

Balance your checkbook and make sure all checks you wrote have come back in before you close your account. If your statement isn't due yet, ask for an updated one. Make sure you and the bank agree on how much money is in the account. If you don't do this, you could get charged fees for checks that bounce after you close the account. And you will also have unhappy people who tried to cash those checks and couldn't.

If possible, open an account at your new bank before you leave your old bank. You will have your new checks, can make ATM withdrawals and

Si Tiene un Problema

No le dé miedo quejarse. Empleados y gerentes del banco no les gusta escuchar de clientes insatisfechos, pero ellos quieren que les lleven los problemas a ellos. Quieren que les den la oportunidad de arreglarlo en vez de que se cambien de banco o que le diga a todos sus amigos acerca de "este terrible banco". Si el representante de servicio al cliente no le soluciona el problema, pida hablar con el gerente. Si todavía tiene problemas, puede contactar a la agencia federal en el listado al final de esta sección.

Pídale al gerente que le ayude si tiene un problema. Si ha sido un buen cliente y no tiene historia de cheques rebotados u otros problemas, su banco podría estar dispuesto a reducir o eliminar la tarifa o la penalidad. Debería hablar con su banquero si está teniendo problemas pagando un préstamo bancario. Explique la situación de cualquier circunstancia inusual (enfermedades, pérdida de trabajo, etc.) el banquero podría acordar a una reducción temporaria o permanente en la tasa de interés de su préstamo, pagos mensuales, o cargos. Pero acuérdese, ellos están más disponibles a hacer ésto si ha tenido un récord limpio en el pasado.

Lea su estado de cuenta mensual cuando lo reciba. Sus estados de cuenta, deudas de tarjetas de crédito y otro correo de su banco probablemente no son muy agradables pero podría ser la cosa más importante que leerá en algunos meses. Información de tarifas nuevas o penalidades de ciertas cuentas está en el sobre y podría ser su única noticia. Si no sabe de estos cambios, y no nota las tarifas más altas en los estados de cuenta mensuales, podría terminar pagando más por su cuenta bancaria y ni siquiera se daría cuenta de ésto. Usted hasta podría rebotar un cheque.

Una razón importante de revisar su estado de cuenta bancaria lo más pronto posible después que la reciba es para asegurarse de que no hay cobros sin autorización. Si sospecha que un criminal ha usado uno de sus cheques o su tarjeta de débito, llame al banco *inmediatamente*. Bajo las leyes de la mayoría de los estados se requiere que ejecute "rapidez razonable" en chequear cualquier estado de cuenta bancaria que muestre pagos de su cuenta.

¿Que Hacer si Quiere Cambiar de Banco?

Si sé está mudando, contrayendo matrimonio o no esta contento con su actual banco, podría decidir cambiarse de banco. El cambio a otro banco se le hará más fácil si hace algunas cosas antes de cambiarse:

Cuadre su chequera y asegúrese que todos los cheques que escribió se los hayan regresado antes de cerrar su cuenta. Si todavía no le toca su estado de cuenta, pida por un balance detallado actualizado. Asegúrese que está de acuerdo con el banco sobre cuánto dinero tiene en la cuenta. Si no hace ésto, le podrían cobrar tarifas por los cheques y rebotados.

Si es posible, abra una cuenta en su banco nuevo antes que deje el banco viejo, ya que tendría sus nuevos cheques y podría hacer retiros del cajero (ATM) y otras transacciones bancarias sin interrupción.

do your other banking without interruption.

If your paycheck or benefits go automatically into your bank account, don't close the old account until you are sure the next scheduled payment will be deposited into the new account.

If you arranged with your old bank to automatically pay your insurance premiums, bills or your mortgage, make sure the new bank will make those payments, or make them yourself until they start.

If you are changing addresses, give your new address and phone number, in writing, to the former bank.

If You Have a Complaint About a Bank

If you have a complaint about a bank or other financial institution, the Federal Reserve System might be able to help you. It can help consumers by answering questions about banking practices and investigating complaints about banks under its jurisdiction. If they receive complaints about a bank or financial institution they don't supervise, they refer it to the appropriate federal agency.

If you think a bank has been unfair or deceptive with you, or has violated a law or regulation, you are entitled to file a complaint.

The Federal Reserve makes sure that state member banks obey federal laws and regulations that prohibit discrimination in lending. If this is the complaint, it is investigated promptly.

Before you write or call them, the Federal Reserve wants consumers to first try to settle the problem with the bank. You should contact the senior bank manager or the bank's customer service manager for assistance. If you're still unable to resolve the problem, you can file a written complaint with the Federal Reserve and include the following information:

Your name, address and complete daytime telephone number

Name and address of the bank and your account number

Description of the complaint: tell what happened, give the dates involved and the names of those you spoke with at the bank and as much information about the problem as possible.

Include copies of any letters or other documents that may help to investigate your complaint. Do not send original documents, keep the originals for yourself.

Be sure to sign and date your letter.

Send your complaint to:

Board of Governors of the Federal Reserve System
Division of Consumer and Community Affairs
20th and C Streets, N.W., Stop 801
Washington, DC 20551
202-452-3693

Si su cheque de pago o beneficio van automáticamente a su cuenta bancaria, no cierre la cuenta vieja hasta que esté seguro cuando el próximo pago vaya a ser depositado en la cuenta nueva.

Si hizo arreglos con su banco viejo de pagar automáticamente su seguro, cuentas de servicios públicos o su hipoteca, asegúrese que su banco nuevo haga esos pagos, o hágalos usted mismo hasta que ellos comiencen.

Si está cambiando de dirección, dele a su anterior banco su nueva dirección y número de teléfono por escrito.

Si Tiene una Queja del Banco

Si tiene una queja de su banco o institución financiera, el Sistema de Reserva Federal (Federal Reserve System) podría ser capaz de ayudarlo. Puede ayudar a consumidores respondiendo preguntas acerca de las prácticas bancarias e investigación de quejas sobre bancos bajo esa jurisdicción. Si ellos reciben quejas acerca de un banco o institución financiera ellos no supervisan, ellos se lo comunican a la agencia federal apropiada.

Si piensa que un banco ha sido incorrecto o injusto con usted o ha violado una de las leyes o regulaciones, usted está en el derecho de poner una queja.

La Reserva Federal (The Federal Reserve) se asegura que los bancos miembros del estado obedezcan las leyes federales y regulaciones que prohíben discriminación en préstamos. Si es una queja, es investigada rápidamente.

Antes que les escriba o los llame, la Reserva Federal (The Federal Reserve) quiere que los consumidores primero traten de arreglar el problema con el banco. Para asistencia, deberá contactar al gerente principal del banco o al gerente de servicio al cliente. Si todavía no pueden ser capaces de resolver el problema, usted puede poner una queja por escrito a la Reserva Federal incluyendo la siguiente información:

Su nombre, dirección y el número de teléfono donde puedan comunicarse con usted durante el día.

Nombre y dirección del banco y su número de cuenta.

Descripción de la queja: Diga qué pasó, dé las fechas y nombres involucrados de las personas con quien habló en el banco y la mayor información posible que pueda dar acerca del problema.

Incluya copias de cualquier carta u otros documentos que puedan ayudar en la investigación de su queja. No envíe documentos originales, conserve los originales para usted.

Asegúrese de firmar y poner la fecha en su carta.

Envíe su queja a:

Board of Governors of the Federal Reserve System
Division of Consumer and Community Affairs
20th and C Streets, N.W., Stop 801
Washington, DC 20551
202-452-3693

When your complaint is received, the consumer affairs staff will review it and will contact the bank about your complaint. The Reserve Bank will investigate each part of your complaint and ask the bank for its story. If more information is needed, the Federal Reserve will contact you. They will analyze the bank's response and will write you about its findings. If the investigation finds that a federal law or regulation has been violated, you will be told about the violation and what the bank has been ordered to do.

The Federal Reserve investigates all complaints involving the banks it regulates, but it doesn't have the authority to resolve every type of problem. Quite often, after you file a complaint, a bank will offer to work with you to solve the problem, and the Federal Reserve would prefer it that way. But if the problem is not resolved, the Federal Reserve will tell you if a law was actually broken and if you should consider legal action.

Other Federal Agencies

Comptroller of the Currency
Office of the Ombudsman
Customer Assistance Group
1301 McKinney Street, Suite 3710
Houston, TX 77010
fax: 713-336-4301
1-800-613-6743
(regulates banks and credit cards with national in the name or N.A. after the name)

Federal Deposit Insurance Corporation
Compliance and Consumer Affairs
550 17th Street, N.W.
Washington, DC 20429
1-800-934-3342
(regulates state chartered banks that are not members of the Federal Reserve System)

Office of Thrift Supervision
Consumer Programs
1700 G Street, N.W.
Washington, DC 20552
1-800-842-6929
call for the numbers of the office in your region of the country
(regulates federal savings and loans and federal savings banks)

Cuando su queja es recibida. Los empleados de asuntos al consumidor lo revisarán y contactarán al banco acerca de su queja. El Banco de Reserva investigará cada parte de su queja y le preguntarán al banco la historia. Si necesitan mas información, la Reserva Federal se contactará con usted. Ellos analizarán la respuesta del banco y le escribirán acerca de lo que encontraron. Si encuentran en la investigación que las leyes federales o regulaciones han sido violadas, le dirán acerca de la violación y lo que le ordenaron al banco que hiciera.

La Reserva Federal (The Federal Reserve) investiga todas las quejas que están relacionadas con todos los bancos que regulan, pero no tienen la autoridad de resolver cada tipo de problema. Casi a menudo, después que se pone una queja, el banco se ofrecerá a trabajar con usted para resolver el problema y la Reserva Federal lo preferiría de esa manera. Pero si el problema no se resuelve, The Federal Reserve le dirá si actualmente rompieron una ley y si debiese considerar acción legal.

Otras Agencias Federales

Comptroller of the Currency
Office of the Ombudsman
Customer Assistance Group
1301 McKinney Street, Suite 3710
Houston, TX 77010
Fax: 713-336-4301
1-800-613-6743
(regula bancos y tarjetas de crédito que tienen nacional en el nombre o N.A. después del nombre)

Federal Deposit Insurance Corporation
Compliance and Consumer Affairs
550 17th Street, N.W.
Washington, DC 20429
1-800-934-3342
(regula los bancos del estado "chartered" que no son miembros del Sistema de Reserva Federal)

Office of Thrift Supervision
Consumer Programs
1700 G Street, N.W.
Washington, DC 20552
1-800-842-6929
llame a los números de la oficina en la región del país
(regula entidades federales de ahorros y préstamos y bancos federales de ahorro)

National Credit Union Administration
Office of Public and Congressional Affairs
1775 Duke Street
Alexandria, VA 22314-3428
703-518-6330
call for the numbers of the office in your region of the country
(regulates federally chartered credit unions)

Federal Trade Commission
Consumer Response Center
6th and Pennsylvania, N.W.
Washington, DC 20580
1-877-382-4357
www.ftc.gov
consumer complaints and identity theft
(regulates finance companies, stores, auto dealers, mortgage companies and credit bureaus)

If you find anything that is incorrect, write me or answer on the survey page of the website: www.HowToLiveAndThrive.com. I'll send you a free gift for your help.

National Credit Union Administration
Office of Public and Congressional Affairs
1775 Duke Street
Alexandria, VA 22314-3428
703-518-6330
llame a los números de la oficina en la región del país
(regula federalmente "chartered" cuentas cooperativas de crédito "credit unions")

Federal Trade Commission
Consumer Response Center
6th and Pennsylvania, N.W.
Washington, DC 20580
1-877-382-4357
www.ftc.gov
quejas de los consumidores y robo de identidad
(regula compañías financieras, tiendas, negocios de venta de autos, compañías de hipoteca y agencias de crédito)

Si consigue algo que esta incorrecto, escríbame o responda la encuesta en la página Web: www.HowToLiveAndThrive.com. Le enviaré un regalo por su ayuda.

The Importance of Having Good Credit

You must have a good credit history in order to get a mortgage for a home or business, buy a car, rent an apartment, take out a loan, get a credit card and many other times. Often you have to prove you have good credit to get insurance or get a job.

Your credit history tells anyone reading it where you live and work and whether you pay your bills on time. It tells if you have any collection accounts, judgements, bankruptcy, foreclosures or repossessions. People with a good credit history can qualify for low interest rates on home and car loans and get credit cards and many other things quite easily.

It is very important for the credit report to be accurate and complete. Every one who has a credit history has a FICO or "beacon" score. The score can be from around 400 to over 800. People with credit high enough to qualify for the best rates have scores of at least 625.

People with a bad credit history will often be refused more credit or if they are approved for more credit, the interest rates will be much higher than for people with good credit. If they want to clean up their credit, it will take a lot of hard work and money and time. So it is very important to keep your bills paid on time and keep a good credit history.

Any time you have a problem and can't pay your bills (medical, car, mortgage, rent), the first thing to do is talk to the company you owe the money to. Try to make arrangements to make partial payment so the report does not go to the credit bureau. Get any new arrangements in writing.

Don't think that all your medical bills are paid just because you have insurance, often you have to pay a portion of the medical bill yourself. Many people who have bad credit have the low score partly because they have a long list of medical bills that have been reported to the credit bureau for non-payment.

How to Establish Credit

Paying cash for everything does not mean you have good credit. It means you have *no* credit. There are actually three kinds of credit: good, bad and none. Many people who have lived in this country all their lives still think good credit means they don't owe money to anyone. The banks that give loans to buy a car or a house or other things want to see a "history of on-time payments", they don't want to see that you pay cash for everything you buy. They want to trust that you will pay their payment every month when it is due.

It is sometimes difficult to establish credit when no one will give you credit without established credit, so it goes around and around. There are different ways to establish credit for yourself.

First apply for a credit card issued by a local store and use it very

La Importancia de Tener Buen Crédito

Usted debe tener un buen historial de crédito para poder obtener una hipoteca de casa o negocio, comprar un carro, rentar un apartamento, un préstamo personal, una tarjeta de crédito y muchas otras cosas. A veces tiene que probar que tiene buen crédito para obtener un seguro (aseguranza) o trabajo.

Su historial de crédito le dice a cualquiera que lo esté leyendo, donde vive, trabaja y si paga sus cuentas a tiempo. Esto le dice si tiene alguna cuenta en el departamento de cobro, estatuto judicial, bancarrotas, perdió la hipoteca de su casa o reposiciones. Las personas con un buen historial de crédito pueden calificar para tasas de interés bajas en una casa, carro y préstamos personales y para tarjetas de crédito y muchas otras cosas fácilmente.

Es muy importante que el reporte de crédito esté correcto y completo. Cada cual tiene un historial de crédito que tiene un puntaje llamado FICO o "beacon". El puntaje puede ser alrededor de 400 hasta más de 800. Personas con el puntaje de crédito suficientemente alto, por lo menos de 625, clasifican para las mejores tasas de interés.

Personas con historial de mal crédito a menudo les niegan más crédito, o si están aprobadas para más crédito, las tasas de interés serán más altas que el de las personas con buen crédito. Si ellos quieren mejorar su crédito, le tomará mucho trabajo, dinero y tiempo. Por lo tanto es muy importante mantener sus cuentas pagadas a tiempo y conservar un buen historial de crédito.

Cada vez que tenga un problema y no pueda pagar sus cuentas (médicas, carro, hipoteca, renta), la primera cosa que debe hacer, es hablar con la compañía a la que le debe el dinero. Trate de hacer arreglos para hacer pagos parciales, así el reporte no lo mandarán al departamento de crédito. Pida los nuevos arreglos de pago por escrito.

No piense que porque tenga seguro (aseguranza), sus deudas médicas serán pagadas, a menudo usted mismo tiene que pagar una parte de la deuda médica. Muchas personas que tengan mal crédito, tienen el puntaje más bajo parcialmente porque tienen una lista larga de deudas médicas que se han reportado al departamento de crédito por no haberlas pagado.

Como debe Establecer Crédito

Si paga por todo en efectivo, no significa que tiene un buen crédito. Esto significa que *no* tiene crédito. Hay actualmente tres tipos de crédito: bueno, malo y ninguno. Muchas personas quienes han vivido en este país toda su vida todavía piensan que buen crédito significa que no deben dinero a nadie. Los bancos que dan préstamos para comprar un carro, casa u otras cosas, quieren ver un "historial de pagos a tiempo". Ellos no quieren ver que pagó en efectivo por todo lo que compró. Ellos quieren confiar en que hace sus pagos cada mes en la fecha indicada.

A veces es difícil obtener crédito, ya que nadie le dará crédito sin haberlo establecido, entonces va en círculos. Hay diferentes maneras de establecer crédito por usted mismo.

carefully. Be sure to ask if they report to a credit bureau. If they do, you'll establish a credit history, but if you don't pay your bills on time, you'll be establishing a bad credit history. Get the card at a store where you buy things anyway, don't get a card at a jewelry store and then be forced into buying jewelry you don't need. Try a hardware or clothing store or discount store where you always buy things, and charge a small amount every month. Pay the monthly payment on time (not even one day late) and if possible, pay the full amount each month.

The bank where you have your checking account might have a credit card you can qualify for. Ask them.

> *It is extremely important for your future success to have good credit.*

If you can't get a standard credit card, another way to establish credit is with a secured credit card. This card requires that you open and maintain a bank account as security for your line of credit. If you keep $500 in that special account at all times, you could probably get a secured credit card for between $300 and $500. Sometimes there are application and processing fees for secured credit cards and they usually carry higher interest rates than traditional non-secured cards. After using the card and making the payments for several months, you should be able to get an unsecured card, which will not need money in a special account. There are many companies that offer secured credit cards (VISA, Capitol One, etc.)

If you still can't qualify for credit on your own, consider asking a friend or relative who has a good credit history to co-sign an account. The co-signer guarantees to make your payments if you don't. You must make all payments on time so you can build a positive credit history and apply for credit in a few months on your own name. If you don't pay those bills on time, you will be hurting your friend's or relative's credit history as well as your own.

If you apply for a card and are turned down, *ask why*. It could be that you haven't been at your address or job long enough, or your income might not be high enough for that company. Different credit card companies have different requirements. Ask the requirements of another company and if you think you qualify with them, apply there. But, if three or four companies turn you down, it may mean that you have to work a little longer at building up a credit history. Then you can try again.

Primero aplicar para una tarjeta de crédito otorgada por una tienda local y utilícela muy cuidadosamente. Asegúrese de preguntar si ellos reportan al departamento de crédito. Si lo hacen, establecerá un historial de crédito, pero si no paga sus cuentas a tiempo, establecería un historial de crédito malo. Obtenga una tarjeta en una tienda donde compre variedad de artículos, no obtenga una tarjeta en una joyería y entonces se vea forzado a comprar joyas que no necesita. Trate en una ferretería, tienda de ropa, tienda de descuento donde siempre compre y cargue un monto pequeño cada mes.

El banco donde tiene su cuenta corriente podría tener una tarjeta de crédito por la que usted pueda calificar, pregúnteles.

Si no puede obtener una tarjeta de crédito, otra manera de establecer un crédito, es con una tarjeta de crédito asegurada. Esta tarjeta requiere que abra y mantenga una cuenta de banco asegurada por su línea de crédito. Si mantiene todo el tiempo $500 dólares en esa cuenta especial, probablemente podría obtener una tarjeta de crédito asegurada entre $300 y $500. Algunas veces hay cargos por solicitudes y procesamiento de tarjetas aseguradas y usualmente tienen una tasa de interés mas alto que las tarjetas tradicionales no aseguradas. Después de estar usando y haciendo los pagos de la tarjeta por varios meses, debería ser capaz de obtener una tarjeta sin seguro, la cual no necesitará dinero en una cuenta especial. Hay muchas compañías que ofrecen tarjetas aseguradas (VISA, Capital One, etc.)

Si todavía no puede calificar por su propio crédito, considere pedirle a un amigo o pariente quien tenga un buen historial de crédito para que le sirva de fiador de la cuenta. El fiador se compromete a hacer todos los pagos si usted no lo hace. Debe hacer todos los pagos a tiempo para que pueda comenzar un historial de crédito positivo y aplicar por crédito en su propio nombre en pocos meses. Si no paga esas cuentas a tiempo, estuviese dañando el historial de crédito de su amigo o pariente tanto como el suyo.

> **Es extremadamente importante tener un buen crédito para el bienestar de su futuro.**

Si aplica por una tarjeta y lo rechazan, *pregunte por qué*, puede ser que no ha estado en esa dirección de trabajo por suficiente tiempo, o su sueldo pueda que no sea lo suficientemente alto para esa compañía. Diferentes compañías de tarjetas de crédito tienen requerimientos diferentes. Pida usted los requerimientos de otra compañía y si piensa que califica a través de ellos, aplique allá; Pero si tres o cuatro compañías lo rechazan, significa que tiene que trabajar un poco más para mejorar su historial de crédito. Entonces puede tratar otra vez.

Credit Cards

Having a credit card is a *big* responsibility. The payment has to be *received* by the bank on time each month (not just postmarked by that date) or you will be charged late fees of $25 or $30 each time. Making late payments will also hurt your credit rating and create credit problems that can be difficult to fix. If you do not use it carefully, you might find that you owe more than you can repay.

Credit cards are safer and more convenient to use and carry than cash or a checkbook. You can buy goods and services now and pay for them later. They have valuable consumer protections under the law and most cards are accepted by companies around the world, including on the Internet. If you are not happy with a purchase you made using a credit card, you can dispute the charge and may have the right to withhold payment until the problem is resolved. Credit cards are often required if you want to rent a car or guarantee hotel or travel reservations. They are also valuable to provide a source of cash or payment in an emergency.

You must be at least 18 years old and have a regular source of income to qualify for a credit card. Even though you might receive many invitations from card issuers, you will still have to prove that you are a good risk before they actually send you the card. The proof is in your credit record. Before you send in a credit application, you should get a copy of your credit report to make sure it is accurate.

If you are new to this country and you do not have a credit history, you will quickly discover that it is extremely important to establish and keep good credit.

Types of Credit Cards

There are three main types of credit cards: revolving, installment and charge cards.

Revolving: You can pay the total balance each month or make a partial payment, which has to be at least the amount they specify as the minimum payment. This amount varies each month since it is based on the outstanding balance. If you make a partial payment, you will be charged interest (finance charge) on the balance that remains. Department stores, gas and oil companies and banks (VISA, MasterCard, Discover, etc.) usually issue credit cards that are on a revolving credit plan.

Installment: You sign a contract to repay a specific amount in equal payments over a specific period of time. Cars, furniture, personal loans and major appliances are usually financed this way.

Charge: You have to pay the full balance each month, so you don't pay interest charges. Charge cards and charge accounts with local businesses often require repayment on this basis.

62

Tarjetas de Crédito

Es una *gran* responsabilidad tener una tarjeta de crédito. Si los pagos no han sido *recibidos* por el banco cada mes a tiempo (no solamente con el sello postal de esa fecha) o se le cobrará cargos atrasados de $25 o $30 cada vez que se atrase. Haciendo pagos tarde también empeorará la evaluación de crédito.

Las tarjetas de crédito son más seguras y convenientes de usar y llevar que dinero en efectivo o una chequera. Puede comprar artículos y servicios hoy y pagar luego. Las tarjetas tienen protección al consumidor valiosa bajo la ley y la mayoría de las tarjetas son aceptadas por compañías alrededor del mundo, incluyendo el Internet. Si usted no está contento con una compra que hizo, usando una tarjeta de crédito, puede reclamar el cargo y puede tener el derecho de retener el pago hasta que el problema sea resuelto. Las tarjetas de crédito son requeridas a menudo si quiere rentar un carro o garantizar las reservaciones de un hotel o avión. También son valiosas para proveer con efectivo o hacer un pago de emergencia.

Debe, por lo menos tener 18 años de edad y debe tener una fuente de ingresos regular para calificar para obtener una tarjeta de crédito. A pesar de que usted pueda recibir muchas invitaciones de las instituciones que emiten tarjetas de crédito, usted tiene que probar que es un buen candidato antes de que se le envíe la tarjeta. La prueba está en su record crediticio. Antes de que envíe su aplicación, debe obtener un reporte de crédito para asegurarse de que es correcto.

Si usted es nuevo en este país, y no tiene un historial de crédito, descubrirá rápidamente que es sumamente importante establecer y mantener un buen crédito.

Tipos de Tarjetas de Crédito

Hay tres tipos de tarjetas de crédito: cambiante, cuotas y tarjeta de cargos.

Cambiante: usted puede pagar el balance total cada mes o hacer pagos parciales, que deben ser por lo menos la cantidad especificada como pago mínimo. Esta cantidad cambia cada mes, ya que está basado en el balance pendiente. Si usted hace pagos parciales se le cobrará intereses (cargos financieros) en el balance restante. Tiendas por departamentos, compañías de gasolina y aceites, y bancos (VISA, MasterCard, Discover, etc.), usualmente emiten tarjetas de crédito que tienen un plan de crédito cambiante.

Cuotas: usted firma un contrato, para reembolsar una cantidad específica en pagos iguales durante un período específico. Carros, muebles, créditos personales y artefactos mayores, son usualmente financiadas de ésta manera.

Cargos: usted tiene que pagar el balance completo al final de cada mes, para evitar que no tenga que pagar intereses. Tarjetas de cargos y cuentas de cargos con negocios locales, a veces requieren pagos basados en estas condiciones.

Choosing a Credit Card

Credit card companies use a wide variety of terms, be sure to compare all of them before you select a card:

Annual Percentage Rate (APR): The cost as a yearly interest rate.

Free or Grace Period: This allows you to avoid any finance charge by paying your balance in full on or before the due date. Most cards have a free period, but if there is no free period, you'll pay a finance charge from the date you made the purchase, even if you pay your entire balance when you receive your bill.

Fees and Charges: there are many different fees that credit card companies can charge you. Some charge an annual fee ($15 to $75 for most cards, more for premium cards). Most also charge a fee for a cash advance or if you are late making a payment or if you go over your credit limit. Some charge a flat monthly fee if you don't use the card.

If you pay the full amount each month, the annual fee and other fees will be most important to you. If you pay a smaller amount each month and carry a balance, the APR and the way they compute your balance will be more important to you.

A card that offers bonus points or rewards often has a higher rate of interest, so think about that when you are choosing a card. Often when people have these cards, they end up buying merchandise that they may not need, just so they can get more bonus points.

Things to Watch for When Choosing

Always get all terms and fees in writing and when you apply for the card, and go directly to the card issuer. Don't give money to a company that offers to get you a credit card for a fee – you should be able to get your card on your own. These companies often just keep your money and you won't get a card or your money back.

Beware of "credit cards" that only allow you to buy from their own catalogs. These are not actually credit cards and they don't help you establish credit, since they rarely report to the credit bureau.

Be careful of offers that say you are "pre approved" and promise instant credit or that guarantee you a credit card "even if you have no credit history". No one can guarantee you credit in advance, you'll have to fill out an application and qualify just like any other card. You might qualify for a lower credit limit than they quoted in the invitation.

When shopping for a credit card, you should also look at other things besides costs, such as whether the credit limit is high enough to meet your needs, how widely the card is accepted, and what other services and features are available under the plan. Don't think that credit cards are all the same, they are very different and it pays to shop around.

Decidiendo por una Tarjeta de Crédito

Las compañías de tarjetas de crédito usan una amplia variedad de términos, asegúrese de comparar todos ellos antes que usted seleccione una tarjeta:

Tasa de Interés Anual (APR) que significa en Inglés (Annual Precentage Rate): El costo de la tasa de interés anual.

Gratis o Período de Gracia: esto le permite evitar cargos financieros al pagar en balance completo antes o en la fecha de vencimiento. Muchas tarjetas tienen un período gratis, pero si no lo tienen, usted pagará un cargo financiero desde el día que hizo la compra, así usted pague el balance completo cuando reciba la cuenta.

Tarifas y Cargos: Hay muchas tarifas diferentes que las compañías de tarjetas de crédito pueden cobrarles. Algunos cargos son tarifas anuales ($15 a $75 para la mayoría de las tarjetas, más para las tarjetas sin límite de gastos). La mayoría cobra una tarifa por adelantado en efectivo, si se retrasa en hacer sus pagos o si se sobrepasa en su límite de crédito. Algunos cargos tienen una tarifa mensual fija si usted no usa la tarjeta.

Si usted paga la cantidad completa cada mes, la tarifa anual y las otras tarifas serán más importantes para usted. Si usted paga una cantidad pequeña cada mes, y mantiene un balance, el APR y la manera en que ellos calculan el balance será más importante para usted.

Una tarjeta que ofrece puntos bonos o recompensas, a veces tiene una tasa de interés más alta, o sea que deberá pensar en eso cuando escoja una tarjeta. A veces cuando algunas personas tienen esas tarjetas, ellas terminan comprando mercancías que no necesitan, solamente para obtener los puntos bonos.

Cosas a Considerar Cuando esté Escogiendo

Cuando usted aplique por la tarjeta siempre obtenga los términos y tarifas por escrito, vaya directamente a la compañía otorgante de la tarjeta. No le dé dinero a una compañía que le ofrezca una tarjeta de crédito por una tarifa, usted podría obtener la tarjeta por su cuenta. Estas compañías a veces se quedan con su dinero y no le darán una tarjeta o su dinero de vuelta.

Sea cuidadoso de "tarjetas de crédito" que solo les dejan comprar de sus catálogos; éstas no son actualmente tarjetas de crédito y ellas no le ayudan a establecer crédito, ya que éstas raramente reportan a la agencia de crédito.

Sea cuidadoso de ofertas que dicen que usted está "Pre-aprobado" y prometen crédito instantáneo o que le garantizan una tarjeta de crédito, "a pesar de que usted no tiene historial de crédito". Nadie le puede garantizar crédito de antemano, usted tiene que llenar una solicitud y calificar como en cualquier otra tarjeta. Usted podría calificar por un límite de crédito mas bajo que el que le ofrecieron en la invitación.

Cuando usted esté escogiendo una tarjeta de crédito, debería observar otras cosas aparte del costo, así como, si el límite de crédito es suficientemente alto para cubrir sus necesidades, que tanta cobertura de aceptación tiene, y que otros servicios y artículos están disponibles bajo ese plan. No piense que todas las tarjetas de crédito son iguales, ellas son muy

Find out if a new card's interest rate increases after a short period of time, perhaps six months. Also, they might advertise a low introductory rate, but when you read it carefully, you may find that it only applies to balances you transfer to your card from other loans or cards, not to any new purchases you put on the card. Read the information carefully and call and ask for clarification if you don't understand it.

Be aware that an interest rate advertised as "fixed" still can be changed if they notify their card holders. When you receive information each month from your credit card company, read it and look to see if they are raising your rates and if you can do anything about it. If your card company does raise your rate for any reason, that new rate often will apply to any outstanding balance plus new purchases.

Tips to Manage Your Card Use

Once you get a credit card and are using it responsibly, it might be a good idea to get another card. Having two or three cards will give you as much credit as most families need and will build your credit history, so long as you do not go too deeply into debt. Don't buy things without remembering that you will have to pay it back. This could be a problem if you were to lose your job or have a medical emergency.

When you have had a card for a while and have an excellent history of paying the bills on time, you can often get a lower rate of interest. Call the customer service number on your statement and ask.

If you have balances on more than one card, you should pay more than the minimum at least on the card with the highest rate of interest. If you only pay the minimum payment on a card with high interest, it might take years to pay off the balance. The minimum payment often covers the finance charge and almost none of the balance.

Don't get a cash advance on your credit card unless it is absolutely necessary. Cash advances usually have a very high rate of interest and the interest starts the day you get the cash. It is a very expensive way to borrow money. A bank loan will have much better rates.

Keep every charge receipt, at least until the statement comes in, and check your monthly statements as soon as they come. Immediately call the company and report it if there is a problem. Never put a note or letter into the same envelope as your payment, it will *never* get to the right department.

It is also a good idea to keep the receipt for a few months until you are sure you don't have to return the item for some reason. If you do return something that was on your credit card, the amount will be credited back to the card. Check the next month to see that it is shown on your statement as a credit.

diferentes y valen la pena escogerlas.

Averigüe si las tasas de interés de nuevas tarjetas se incrementan después de un corto período de tiempo, por lo menos seis meses. También ellos pueden publicar una tasa introductoria baja, pero cuando lea cuidadosamente, puede encontrar que esto solamente aplica a los balances que transfiere a sus tarjetas de otros préstamos, no a algunas otras compras que ponga en la tarjeta. Lea la información cuidadosamente, llame y pida por clarificación si no entiende.

Tenga cuidado de las tasas de interés publicadas como que fueran "permanentes", pero todavía podrían ser cambiadas si se le notifican a los tarjeta habientes. Cuando reciba información de su compañía de tarjeta de crédito, léala y mire si están incrementando su tasa de interés y si puede hacer algo acerca de eso. Si en su compañía de tarjeta de crédito incrementan sus tasas de interés por cualquier razón, la nueva tasa a veces aplicará a cualquier balance pendiente, más las nuevas compras.

Consejos (Tips) Para el Uso de Su Tarjeta

Una vez que obtenga su tarjeta de crédito y la esté usando responsablemente, podría ser una buena idea obtener otra tarjeta. Teniendo dos o tres tarjetas le dará tanto crédito, como lo que necesitan muchas familias y aumentará su historial de crédito, siempre y cuando no se hunda en deudas. No compre cosas sin recordar que las tendrá que pagar de vuelta. Esto podría ser un problema si llegara a perder su trabajo o tener una emergencia médica.

Cuando haya tenido una tarjeta por algún tiempo y tiene una historia excelente pagando las deudas a tiempo, puede obtener a veces tasas de interés más bajas. Llamc al número que aparece en su estado de cuenta y pregúntele al representante de servicios al cliente.

Si tiene balances en más de una tarjeta, debería pagar por lo menos más del mínimo, en la tarjeta con la tasa de interés más alta; si solamente paga el monto mínimo en la tarjeta de alto interés, pudiese tomar años para terminar de pagar el balance. El pago mensual a veces cubre los cargos financieros y casi nada del balance.

No obtenga adelanto en efectivo de su tarjeta, al menos que ésto sea absolutamente necesario. Adelantos en efectivo, usualmente tienen una tasa alta de interés, y comienza el día que se retira el efectivo. Es una manera muy cara de pedir dinero prestado. Un préstamo bancario tendrá mejores tasas de interés.

Quédese con cada recibo de compra, por lo menos hasta que el estado de cuenta llegue, y verifique su estado de cuenta mensual tan pronto como lo reciba. Si hay un problema, llame a la compañía inmediatamente y repórtelo. Nunca ponga una nota o carta en el mismo sobre de su pago, porque *nunca* llegará al departamento correcto.

También es una buena idea, conservar el recibo por pocos meses hasta que esté seguro que por alguna razón no tiene que regresar el artículo. Si regresa algo que compró con su tarjeta de crédito, el monto será acreditado a su tarjeta. Verifique su estado de cuenta el siguiente mes, para ver si aparece como crédito.

If you decide you want to close one of your accounts, pay off the card entirely and write the company telling them you want to close the account. Keep a copy of the letter and cut up the old card. If you have several cards and don't ever plan to use one of them, it is a good idea to cancel the card or at least keep it in a safe place at home.

Ways to Protect Your Card

Never give your card number, PIN (personal identification number) or similar personal information to anyone on the telephone unless you are the one who made the call to a company that you know is legitimate.

Never give your PIN to anyone. Don't use numbers as your PIN that would be easy for someone to guess (birthday, address, etc.) and keep them secret.

Notify your card company immediately if your card is lost or stolen, or if you find a problem in your monthly billing. Under federal law, if a thief uses your credit card or card number, you are liable for a maximum of $50 per card. Write down the time of your call and the person you reported it to. If you contact your card company before any unauthorized charges are made, and someone uses your card after that, you owe nothing.

When you receive your card in the mail, sign it immediately so no one else can use it. Or in large letters write "See I.D." on the back (instead of your signature), which means anyone using the card is supposed to show identification before signing for a purchase.

The papers that come with your new card have important information on them, such as customer service telephone numbers and where to call if your card is lost or stolen. Keep this information in a safe place. To activate the card, there will usually be instructions to call the card company from the phone that you listed on the application as your home number, so be sure to call from that phone. Many issuers require this step to make sure the right person got the card in the mail and to give you additional information.

Never lend your card to anyone. Always notify the card company if you are moving, so your bill gets to your new address in time to make the payment by the due date. Know when your credit card bill arrives and call the company if it does not come on time.

The most important thing to remember is to pay the bills on time to establish and keep a good credit history. Many people get a credit card and then get behind in their payments or buy more than they can repay and then get into trouble with extra costs, huge debt and ruined credit.

A good credit history is one of the most important things you can have to succeed in this country.

Si decide cerrar una de sus cuentas, pague la tarjeta completamente y escríbale a la compañía avisándoles que quiere cerrar la cuenta. Conserve una copia de la carta y corte la tarjeta cancelada. Si tiene varias tarjetas y nunca planea usarlas, es buena idea cancelar la tarjeta o por lo menos conservarla en la casa, en un lugar seguro.

Maneras de Proteger Su Tarjeta

Nunca dé su número de identificación "PIN" que significa en Inglés (Personal Identification Number) o información personal similar a nadie por teléfono, al menos que usted sea el que llamó a la compañía que es legítima.

Nunca dé su clave PIN a nadie. No use como números de PIN los que puedan ser fáciles de adivinar (fechas de cumpleaños, direcciones, etc.) y manténgalos en secreto.

Notifique inmediatamente a la compañía de crédito si perdió su tarjeta o se la robaron, o si encuentra un problema en su estado de cuenta mensual. De acuerdo a la Ley Federal, si un ladrón usa su tarjeta de crédito o su número de tarjeta, usted es responsable por un máximo de $50 por tarjeta. Anote la hora de su llamada y el nombre de la persona a quien se lo reportó. Si contacta a la compañía de tarjeta, antes de que cualquier cargo desautorizado sea hecho, y si alguien usa su tarjeta después de eso, usted no debe nada.

Cuando reciba una tarjeta por correo, fírmela inmediatamente para que nadie la pueda usar, o escriba en letras grandes "Vea ID, See ID" en la parte de atrás (en vez de su firma), lo que significa que cualquiera que use la tarjeta deberá mostrar una identificación antes de firmar por una compra.

Los documentos que vienen con su nueva tarjeta tienen información importante, tales como números de teléfonos, tele servicios de atención al cliente donde pueda llamar si se le perdió o le robaron la tarjeta. Mantenga esta información en un lugar seguro. Para ser activada, usualmente habrá instrucciones para llamar a la compañía de tarjetas desde el teléfono que puso en la aplicación, como el teléfono de su casa, o sea asegúrese de que usted llame de ese teléfono. Muchas de las compañías que emiten tarjetas, requieren este paso, para asegurarse que la persona correcta recibió la tarjeta en el correo, y para darle información adicional.

Nunca le preste a nadie su tarjeta. Siempre notifíquele a la compañía de tarjeta si usted se ha mudado, para que su cuenta le llegue a su nueva dirección a tiempo, para que haga su pago antes de la fecha de vencimiento. Sepa cuando su recibo de tarjeta de crédito le va a llegar, y llame a la compañía si no le llega a tiempo.

Una de las cosas más importantes a recordar, es pagar su cuenta a tiempo, para establecer y mantener un buen historial de crédito. Muchas personas obtienen una tarjeta de crédito y se retrasan en sus pagos o compran más de lo que pueden pagar y por lo tanto se meten en problemas con costos adicionales, altas deudas y arruinan su crédito.

Un buen historial de crédito es una de las cosas más importantes que puede tener para salir adelante en este país.

Identity Theft

How can a person's identity be stolen? "Identity theft" means someone uses your name, Social Security number, credit card number or some other personal information of yours for his or her own use. This is done without your knowledge, so they can commit fraud or theft.

It has become a very serious, and increasingly common, crime in this country. Identity thieves can open a new credit card account when they get your name, date of birth and Social Security number (SSN). When they use that credit card and don't pay the bills, the bad payment record is reported on your credit report.

They might call your credit card company and, pretending to be you, change the mailing address on your credit card account. Then, he or she makes purchases with your account, and since your bills are being sent to the new address, you might not realize there's a problem right away.

Or they might get cell phone or cable TV service in your name, or open a bank account in your name and write bad checks on that account. Some identity thieves have even gotten new cars and car loans on another person's name.

Ways to Prevent Identity Theft

While you probably can't prevent identity theft entirely, you can minimize your risk. By managing your personal information and being aware of the problem, you can help guard against identity theft.

Place passwords on your credit card, bank and phone accounts. Pick a difficult number or word so someone else can't guess it. If a new account application requests your mother's maiden name (which is a very common password businesses use for you), use a different password instead.

When you get mail with your credit card number, bank account number or social security number on it, shred the papers before throwing them away. When you get offers for more credit cards, shred those papers, too. Use actual mail boxes for your outgoing mail, not your mailbox at the end of your driveway. And it is important to *never* have your driver license number or SSN printed on your checks. When you pay your credit card bill by check, never write more than the last four numbers of your account on the memo line of the check.

Order a copy of your credit report from each of the three major credit bureaus once a year. You can catch mistakes and fraud before your personal finances are ruined. One of the most common ways that consumers find out they're victims of identity theft, is when they try to get a loan to make a major purchase, and then they can't get the loan.

Don't give personal information on the phone, through the mail or over the Internet unless you are the one who made the contact or if you're

Robo de Identidad

¿Cómo puede ser robada la identidad de una persona? "Robo de Identidad", esto significa que alguien usa su nombre, número de Seguro Social, número de tarjeta de crédito o cualquier otra información personal para su propio uso. Esto es hecho sin su conocimiento, entonces ellos pueden cometer fraude o robo.

Esto ha llegado a ser un crimen muy serio y se ha incrementado comúnmente en este país. Ladrones de identidad pueden abrir una nueva cuenta de tarjeta de crédito cuando ellos obtienen su nombre, fecha de nacimiento o número de Seguro Social (SSN). Cuando ellos usan esas tarjetas de crédito y no pagan las cuentas, el mal record de pago es reportado en su historial de crédito.

Ellos podrían llamar a su compañía de tarjetas de crédito pretendiendo ser usted, cambian la dirección de correos en su cuenta de la tarjeta; entonces ellos hacen compras con su cuenta, y como éstas están siendo enviadas a la nueva dirección, usted no se daría cuenta en ese momento que hay un problema.

O ellos podrían tener un teléfono celular y servicio de cable de televisión en su nombre, o abrir una cuenta bancaria en su nombre y emitir cheques malos en esa cuenta. Algunos ladrones de identidad han comprado carros nuevos, y han hecho préstamos de carros con el nombre de otras personas.

Maneras de Prevenir el Robo de Identidad

Mientras usted probablemente no puede prevenir el robo de identidad completamente, puede disminuir su riesgo. Manejando su información personal y estando en conocimiento del problema, usted puede ayudar a resguardarse contra el robo de identidad.

Ponga claves en su tarjeta de crédito, bancos y cuentas de teléfono. Escoja un número o palabra difícil para que otro no lo pueda adivinar. Si una nueva aplicación de cuenta, requiere el nombre de soltera de su madre (el cual es una clave muy común que los negocios usan para usted), en vez de ésta, use una clave diferente.

Cuando usted reciba correo con su número de tarjeta de crédito, número de cuenta bancaria o número de seguro social, destruya los papeles antes de botarlos. Cuando le den ofertas para más tarjetas de crédito, destruya esos papeles también. Use el buzón de la oficina de correos para la correspondencia que va a enviar, en vez del buzón de su casa. Es muy importante que no tenga su número de licencia de manejo o su número de seguro social impreso en sus cheques. Cuando pague con cheques su cuenta de tarjeta de crédito, *nunca* escriba más que los cuatro últimos números de su cuenta en la línea de descripción del cheque.

Ordene una copia de su historial de crédito, de cada una de las tres mayores instituciones de crédito, una vez al año. Usted puede encontrar errores y fraude antes que sus finanzas personales sean arruinadas. Una de las maneras más comunes en que los consumidores se dan cuenta de que son víctimas de robo de identidad, es cuando ellos tratan de obtener un préstamo para hacer una compra mayor, y entonces no pueden obtener el préstamo.

No de información personal por teléfono, a través del correo, o por el sure you know who you're dealing with. Identity thieves sometimes call people and pose as representatives of banks and even government agencies to get you to reveal your SSN, mother's maiden name, account numbers and other personal information.

Before you give any personal information, call Customer Service of the company that called. Use the number listed on your account statement or in the telephone book, not a number the caller gives you. Customer Service will tell you if they really need that information.

Keep your SSN card in a safe place, don't carry it with you. Give your SSN only when necessary, try to use other identification. Some states use your SSN on your driver's license, ask to use another number.

Pay attention to your bank statements and bills and if one doesn't arrive on time, call and check on it. Be careful when people say you will win a prize and they need your SSN to verify it. Be careful of email requests that say your bank or credit card information needs to be updated and they want your SSN or credit card number. Call the company yourself and ask if they really need the information.

If You Are a Victim of Identity Theft

If you are a victim of identity theft, contact all three credit bureaus (see next chapter), tell them you want a "fraud alert" placed in your file, and also a victim's statement asking that creditors call you before opening any new accounts or changing your existing accounts. This can help prevent an identity thief from opening additional accounts in your name. Ask each bureau when the fraud alert will expire so you can renew it then.

Once you check your credit report, close any accounts that you think were used by the thieves or opened by them.

Identity theft is a crime and a police report should be filed, even if the police say you don't have to report it. Tell them you have to report it because you need copies of the police report, which you will give to the banks, credit card companies and others that need proof of the crime. You will also need this report to show proof to companies that are trying to get you to pay the bills that the thief made in your name.

Some state laws do not consider identity theft a crime; if that is the case in your state, ask to file a Miscellaneous Incident Report instead. This report will serve as proof of the crime.

The U.S. government has a central website for information about identity theft, maintained by the Federal Trade Commission (FTC) at www.consumer.gov/idtheft/. This site is in English and Spanish and possibly other languages, too.

FTC Identity Theft Hotline: 1-877-IDTHEFT (1-877-438-4338).

Internet, al menos que usted sea quien hizo el contacto inicial o si está seguro que conoce con quien se está comunicando. Los ladrones de identidad algunas veces llaman a las personas y se hacen pasar como representantes de banco y hasta Agencias Gubernamentales, para hacer que usted revele su número de seguro social, nombre de soltera de su madre, número de cuenta u otra identificación personal.

Antes que dé cualquier identificación personal, llame al servicio de la compañía que lo llamó. Use el número que aparece en su estado de cuenta o en la guía telefónica, no el número que le dió quien lo llamó. El servicio de atención al cliente le dirá si realmente ellos necesitan esa información.

Mantenga su número de seguro social en un lugar seguro, no lo lleve consigo. Dé su número de seguro social solamente cuando sea necesario, trate de usar otra identificación. Algunos estados usan su número de seguro social en su licencia, pida que usen otro número.

Preste atención a su estado de cuenta bancaria u otras deudas. Si una de ellas no llega a tiempo, llame y averigüe. Tenga cuidado cuando la gente dice que ganará un premio y ellos necesitan el número de seguro social para verificarlo. Tenga cuidado de correos electrónicos que requieren de su información bancaria o de tarjeta de crédito que necesita ser actualizada y que ellos quieren su número de seguro social o su número de tarjeta de crédito. Usted mismo llame a la compañía y pregunte si necesitan la información.

Si Usted es Víctima de un Robo de Identidad

Si usted es una víctima de robo de identidad, contacte las tres instituciones de crédito (vea el próximo capítulo) dígales que quiere un "alerta de fraude" colocado en su archivo, y también una declaración de la víctima pidiendo que los prestamistas lo llamen antes de abrir cualquier cuenta nueva o cambien sus cuentas existentes. Esto puede ayudar a prevenir un robo de identidad de abrir cuentas adicionales en su nombre. Pregúntele a cada una de las agencias cuando se vence el alerta de fraude para que entonces lo renueve. Una vez que usted revise su reporte de crédito, cierre cualquier cuenta que piense que ha sido usada por los ladrones o si han abierto una nueva. Robo de identidad es un crimen, y un reporte del policía tiene que ser registrado, aunque la policía diga que no lo tiene que reportar. Dígale que lo tiene que reportar por que necesita copias del reporte del policía, las cuales tiene que entregar a los bancos, a las compañías de tarjetas de crédito, y otras que necesiten pruebas del crimen. Usted también necesitará este reporte para mostrar pruebas a las compañías que están tratando que le pague las cuentas (Bills) que el ladrón hizo en su nombre.

Las leyes de algunos estados no consideran robo de identidad un crimen; Si eso es el caso en su estado, entonces pida que le procesen un reporte misceláneo del incidente, este reporte servirá como prueba del crimen.

El gobierno de USA tiene una página Web central para información sobre robo de identidad, mantenido por el comisionado federal de comercio (Federal Trade Commission) en www.consumer.gov/idtheft/. Este sitio esta en Inglés y Español y posiblemente en otros lenguajes, también.

Línea de reclamos y denuncias (FTC) línea de robo de identidad (Hotline): 1-877-IDTHEFT (1-877-438-4338).

Get a Copy of Your Credit Report

A credit report is a consumer report that contains information about you; where you work and live and how you pay your bills. Credit bureaus or companies called Consumer Reporting Agencies (CRA) gather the information and provide your credit report to businesses. It is very important that the information in your report is complete and accurate. Make sure your name and social security number are correct, too. There are many cases where people with similar or identical names have reports with some information for one person and some for the other.

It is a good idea to occasionally review your credit report for inaccuracies or omissions. Checking in advance on the accuracy of your credit report might be especially important if you are considering making a major purchase, such as buying a home or car.

If you have been denied credit, insurance or employment because of information supplied by a CRA, the law states that the company you applied to must give you the CRA's name, address and telephone number. If you contact the agency for a copy of your report within 60 days of receiving a denial notice, the report is free. You are entitled to one free copy of your report a year if you can prove that you're unemployed and plan to look for a job, or you're on welfare or your report is inaccurate because of fraud. Some state laws allow you to get your report free upon request. Otherwise, a CRA may charge you a small fee (around $10.00) for a copy of your report.

You can also get copies on the Internet. Don't get your credit report checked over and over again unnecessarily. Each time your credit is checked by a loan company, it takes a few points off your score. The better your credit history is, the higher your score will be, and higher scores get the best interest rates and terms.

There are three major CRAs that would have a file on you, sometimes with slightly different information, so you should contact each CRA directly to get your report:

Equifax
P.O. Box 740241
Atlanta, GA 30374-0241
1-800-685-1111
www.equifax.com

Obtenga una Copia de Su Reporte de Crédito

Un historial de crédito, es un reporte del consumidor que contiene información sobre usted; Donde trabaja y vive y como paga sus cuentas (bills). Agencias de crédito o compañías lo llaman Agencias de Reportes al Consumidor (CRA), quienes reúnen la información y proporcionan su historial de crédito a los negocios. Es muy importante que la información en sus reportes esté completa y correcta. Asegúrese que su nombre y número de seguro social estén correctos también. Hay muchos casos donde hay personas con nombres similares o idénticos y tienen reportes con alguna información de una persona y otro de la otra.

Es buena idea de que ocasionalmente revise su historial de crédito por cualquier inexactitud u omisiones. Chequear con adelanto la inexactitud de su reporte de crédito, puede ser especialmente importante si está considerando hacer una compra mayor, como comprar una casa o carro.

Si a usted le han rechazado un crédito, seguro (aseguranza) o empleo por la información proporcionada por las agencias de reporte al consumidor (CRA), la ley establece que la compañía para la cual usted aplica debe darle el nombre, dirección y número de teléfono del CRA. Si usted contacta la agencia para solicitar una copia de su historial dentro de 60 días de recibir la noticia de rechazo, este reporte es gratis. Usted tiene derecho a recibir una copia gratis de su reporte una vez al año, si usted puede probar que está desempleado y planea buscar un trabajo, o usted está siendo ayudado por el gobierno (welfare) o su historial está incorrecto por un fraude. Las leyes de algunos estados permiten que usted obtenga un historial gratis sobre petición de otro modo, la CRA puede cargar un pequeño cobro (alrededor $10.00) por cada copia de su historial.

Usted también puede obtener copias en el Internet. No revise su historial de crédito una y otra vez innecesariamente. Cada vez que su historial de crédito es chequeado por una compañía de préstamos, esto le disminuye puntos de su record. Lo mejor de su historial de crédito es que su puntuación sea alta, y las puntuaciones más altas obtienen el mejor interés en cuentas y términos.

Hay tres agencias mayores de reportes al consumidor, las cuales tendrán un expediente de usted, algunas veces con un poco de información diferente, entonces usted tiene que contactar cada una de las agencias de reportes al consumidor (CRA) directamente para obtener su historial.

Equifax
P.O BOX 740241
Atlanta, GA 30374-0241
1-800-685-1111
www.equifax.com

Experian
P.O. Box 2002
Allen, TX 75013
1-888-397-3742
www.experian.com

Trans Union
P.O. Box 2000
Chester, PA 19022
1-800-888-4213
www.transunion.com

Both the Consumer Reporting Agency (CRA) and the businesses that provided the information to the CRA, such as a bank or credit card company, have legal responsibilities for correcting incorrect or incomplete information in your report. To protect all your rights under the law, contact both the CRA and the bank or credit card company.

If you find errors on your credit report, get them corrected. It is your responsibility to make sure it is correct.

If you find mistakes on your credit report, notify the CRA (in writing) with the information you believe is wrong. Include copies (*not originals*) of documents that prove your story. Your letter should have your complete name and address and clearly identify each item in your report that you dispute. Explain why you dispute the information, and request deletion or correction. You should enclose a copy of your credit report with those items circled. Mail your letter and copies by "certified mail, return receipt requested", so you can document what the CRA received. Keep copies of everything you send them.

CRAs must investigate the items in question, usually within 30 days, unless they consider your dispute frivolous. They have to forward all relevant information you provide about the dispute to the bank or credit card company. After the bank or credit card company is notified by the CRA of the dispute, it has to investigate and report the results back to the CRA. If the bank or credit card company finds that the information in your credit report is inaccurate, it must notify all nationwide CRAs so they can correct the information in your file. Disputed information that cannot be verified must be deleted from your file.

If your report contains inaccurate information, the CRA must correct it and if an item is incomplete, the CRA must complete it. An example of incomplete information would be if your file shows that you made late

Experian
P.O Box 2002
Allen, TX 75013
1-888-397-3742
www.experian.com

Trans Union
P.O. Box 2000
Chester, PA 19022
1-800-888-4213
www.transunion.com

Ambas la agencia de reportes al consumidor (CRA) que significa en Inglés (Consumer Reporting Agency) y los negocios que proporcionan la información a la CRA, tales como los bancos o compañías de tarjetas de crédito, tienen responsabilidades legales de corregir información incorrecta o incompleta en sus reportes. Para proteger todos sus derechos bajo la ley contacte ambas, la CRA y bancos o compañías de tarjetas de crédito.

Si usted encuentra errores en su historial de crédito, notifique al CRA (por escrito) con la información que usted cree está correcta. Incluya copias (*no originales*) de los documentos que prueban su historia. Su carta debe tener su nombre completo y dirección y claramente identifique cada uno de los puntos en su historial, que usted reclama. Explique por que usted disputa la información, y pida su eliminación o corrección. Usted debe incluir una copia de su reporte de crédito con esos puntos en un círculo. Mande su carta y copias por "correo certificado, petición de recibo devuelto", para que usted pueda documentar lo que el CRA recibe. Mantenga copias de todo lo que usted les manda a ellos.

> *Si consigue errores en su historial de crédito, haga que se lo corrijan. Es su responsabilidad asegurarse que este correcto.*

CRA debe investigar la información en reclamo, usualmente en 30 días, al menos que ellos consideren su reclamo inútil. Ellos tienen que pasarle la información relevante al banco o la compañía de tarjeta de crédito. Después que el CRA notifica del reclamo al banco o la compañía de tarjeta de crédito, ellos tienen que investigar y reportar los resultados a la CRA. Si el banco o la compañía de crédito encuentran que la información en su historial de crédito es incorrecta, debe notificarle a todos los CRA en toda la nación, para que puedan corregir la información en sus archivos. La información cuestionada que no puede ser verificada, deberá ser removida de su record.

Si su historial contiene información incorrecta el CRA debe corregirla, y si está incompleta el CRA debe completarla. Un ejemplo de información incompleta es que su historial de crédito muestra que usted ha hecho sus pagos atrasados en el pasado, y no muestra que los está haciendo a tiempo payments in the past and doesn't show that you are making them on time now, the CRA must show that your payments are current. If your file shows an account that belongs to another person, the CRA must delete it.

When the reinvestigation is finished, the CRA must give you the written results and a free copy of your report if they made a change. If an item is changed or removed, the CRA cannot put the disputed information back in your file unless the information provider verifies its accuracy, and the CRA gives you a written notice that includes the name, address, and phone number of the provider.

Also, if you request, the CRA must send notices of corrections to anyone who received your report in the past six months. Job applicants can have a corrected copy of their report sent to anyone who received a copy during the past two years for employment purposes. If a reinvestigation does not resolve your dispute, ask the CRA to include your statement of the dispute in your file and in future reports.

Contact the information provider (bank or business) and give them all of the same information you gave the CRA. If you are correct and the disputed information is incorrect, the business can't use it again.

But remember, when negative information in your report is accurate, only a long period of time can remove it. Negative information, such as a foreclosure or vehicle repossession can stay on your report for seven years and sometimes longer. Bankruptcy information can be reported for 10 years and information about a lawsuit or an unpaid judgment against you can be reported for seven years or until the statute of limitations runs out, whichever is longer. It might seem easy to go through bankruptcy or have a car repossessed, but it will be on your report for many years.

Your credit file might not show all your good credit accounts. Although most national department store and all-purpose bank credit card accounts will be included in your file, not all creditors supply information to CRAs. If you have been told that you were denied credit because of "insufficient credit" or "no credit history" and you have good accounts with businesses that do not appear in your credit file, ask the CRA to add this information to future reports. They are not required to do that, but many CRAs will add these accounts (possibly for a fee).

As you have probably figured out by now, it is important to check your credit report periodically. Mistakes take a long time and many letters and phone calls to correct. Identity theft and ruined credit can take years to repair.

ahora, el CRA debe mostrar que sus pagos están al corriente. Si en su historial aparece una cuenta que le pertenece a otra persona, el CRA debe removerlo.

Cuando la reinvestigación finalice, si hay un cambio, el CRA le debe dar los resultados por escrito y una copia gratis de su historial. Si algo es cambiado o removido, el CRA no puede poner la información cuestionada en la parte de atrás de su historial, al menos que la información del proveedor verifique su corrección, y el CRA le dé la información por escrito la cual incluye el nombre, dirección y número de teléfono del proveedor.

También si usted pide, el CRA debe mandar información de las correcciones a cualquiera que haya recibido su historial de crédito en los últimos seis meses. El solicitante de empleo puede pedir que envié una copia de su historial de crédito ya corregida, a los que recibieron una copia de su historial en los últimos dos años, con el propósito de empleo. Si una reinvestigación no resuelve la disputa, pídale al CRA que incluya su declaración en su historial de crédito y futuros reportes.

Contacte el proveedor de la información (banco o negocio) y dele la misma información que le dio al CRA. Si usted está correcto y la información del reclamo está incorrecta, el negocio no lo puede usar en su contra otra vez.

Pero recuerde, que cuando la información negativa en su historial es correcta, solamente se puede remover en un largo período de tiempo. Información negativa como la pérdida de una hipoteca o reposesión de vehículo puede permanecer en su historial por siete años y a veces más. Información de bancarrota puede ser reportada por 10 años e información acerca de una demanda o contra una orden judicial que no ha sido pagada, puede ser reportada por siete años o hasta que el estatuto de limitaciones se acabe, cualquiera que sea el más largo. Pueda que se vea fácil declarar bancarrota o tener una reposesión de un carro, pero estará en su historial de crédito por muchos años.

Su historial puede que no muestre todas sus cuentas con buen crédito. A pesar de que muchas tiendas de departamento nacional y una cuenta de tarjeta de crédito para todo propósito será incluida en su historial, no todos prestamistas le dan la información al CRA. Si le han dicho que su aplicación de crédito fue negada por "insuficiente crédito" o "no historial de crédito" y usted tiene buenas cuentas con negocios que no aparecen en su historial de crédito pídale al CRA que añada esta información en futuros reportes. A ellos no le requieren que haga esto, pero muchas CRA añadirán estas cuentas (posiblemente por una tarifa).

Como usted probablemente se ha dado cuenta que ahora es importante chequear su historial de crédito periódicamente. Los errores toman mucho tiempo, muchas cartas y llamadas telefónicas para poder corregirlo. El robo de identidad y el crédito arruinado puede tomar años para repararlos.

Health Insurance

This country does not have socialized medical care. If you don't have health insurance coverage, you have to pay for health care yourself when you go to the doctor or hospital. Health care can be very expensive and could total many thousands of dollars for serious illnesses.

All insurance is purchased for the same reason; to protect yourself financially. Health insurance protects you and your family in case you need medical care. You can never predict what your medical bills will be.

Most people in the U.S. are enrolled in a managed care plan. There are different managed care plans and each works differently. They include fee-for-service, preferred provider organizations (PPO), health maintenance organizations (HMO) and point-of-service (POS) plans.

When you enroll in a health care plan, you pay a monthly or quarterly fee as insurance for the time when you need medical attention. When you go to the doctor or hospital, the health insurance company pays part or all of the fee, so you don't have to pay all of it.

The two main ways that people obtain health coverage are by paying into a group plan or buying individual insurance.

Health Insurance Terms

Co-insurance: The amount you are required to pay for medical care after you have paid your deductible. It is usually written as a percentage: if the insurance company pays 80% of the claim, you pay 20%.

Coordination of Benefits: This eliminates duplication of benefits when you are covered under more than one group plan (such as yours and your spouse's). Benefits under the two plans usually are limited to no more than 100 percent of the claim, if one plan pays 80%, the other can pay 20%.

Co-payment: You pay a flat fee every time you receive a medical service. You might pay $10 for every visit to the doctor, the insurance company pays the rest.

Covered Expenses: Most insurance plans don't pay for all services. Some may not pay for prescription drugs: others may not pay for substance abuse care. Covered services are the medical procedures the insurer agrees to pay for and they are always listed in the policy.

Customary Fee: Most insurance plans will pay what they call a "reasonable and customary" fee for a particular service. You will be billed for the amount your doctor charges over the amount the insurance plan will pay. This is in addition to the deductible and co-insurance. You can ask your doctor to accept your insurance company's payment as full payment or you can look for another doctor. Otherwise you will have to pay the rest yourself.

Seguro de Salud

Este país no tiene servicio médico social (gratuito). Si usted no tiene cobertura de seguro de salud, tiene que pagar por cuidado médico por usted mismo cuando vaya al doctor u hospital. El cuidado de salud puede ser muy caro y puede totalizar a miles de dólares por enfermedades serias.

Todos los seguros se compran por la misma razón; para protegerse usted mismo financieramente. El Seguro de salud protege a usted y su familia en caso que necesite cuidado médico. Nunca podrá predecir cuales serán sus cuotas médicas.

Muchas personas en USA están inscritas en un plan de cuidado controlado. Hay diferentes planes de cuidado controlado y trabajan diferentemente. Ellos incluyen tarifas por servicio, Organización de Proveedor Preferido que por (PPO) que significa en Inglés (Preferred Provider Organization), Organización de Mantenimiento de Salud (HMO) que significa en Inglés (Health Maintenance Organization) y Plan de Punto de Servicios (POS) que significa en Inglés Point-of-Service.

Cuando se inscriba en un plan de cuidado de salud, usted pagará tarifas mensual o trimestralmente para las veces que necesite atención médica. Cuando vaya al doctor u hospital, el seguro de salud paga parte o toda la tarifa, para que no tenga que pagar todo ésto.

Las principales maneras que las personas obtienen cobertura médica son pagándole a un plan de grupo o comprando seguro individual.

Términos de Seguro de Salud

Co-Seguro: el monto que se requiere para pagar cuidados médicos después de haber pagado su deducible. Es usualmente representado como un porcentaje: si la compañía de seguro paga 80% del reclamo usted paga el 20%.

Coordinación de beneficios: esto elimina la duplicación de beneficios cuando está cubierto bajo más de un plan de grupo (ya sea usted o su cónyuge). Los beneficios bajo los dos planes son usualmente limitados a no más del 100% del reclamo, si uno paga 80%, el otro paga 20%.

Co-pago: pago de una tarifa asignada cada vez que reciba servicio médico. Podría pagar $10 por cada visita al doctor, la compañía de seguro paga el resto.

Gastos Cubiertos: muchos planes de seguro no pagan por todos los servicios. Pueda que algunos no paguen por prescripciones médicas: otros puedan que no paguen por cuidado de abuso de drogas Servicios cubiertos se refiere a los procedimientos médicos que la aseguradora está de acuerdo pagar, y siempre están enumerados en la póliza.

Tarifas Habituales: casi todos los planes de seguro pagarán lo que ellos llaman tarifas "razonables y habituales" por un servicio en particular. Será facturado por el monto que cobra su doctor encima del monto que el plan del seguro pagará. Esto es en adición al deducible y co-seguro. Puede pedirle a su

Deductible: The amount of money you have to pay each year for your medical care expenses before your insurance policy starts paying.

Exclusions: Certain conditions or circumstances when the policy will *not* provide benefits. They will be listed in the policy.

HMO (Health Maintenance Organization): Prepaid health plans. You pay a monthly premium and the HMO covers your doctors' visits, hospital stays, emergency care, surgery, checkups, lab tests, x-rays and therapy. You must use the doctors and hospitals designated by the HMO or they will not pay anything.

Managed Care: All HMOs and PPOs and many fee-for-service plans have managed care. These are ways to manage costs, use and quality of the health care system.

Maximum Out-of-Pocket Expenses: The most money you will be required to pay in a year for deductibles and co-insurance. It is a stated dollar amount set by the insurance company, in addition to regular premiums. The insurance will pay all expenses over that amount.

Non-cancelable Policy: A policy that guarantees you can receive insurance, as long as you pay the premium. It is also called a guaranteed renewable policy.

PPO (Preferred Provider Organization): A combination of traditional fee-for-service and an HMO. When you use the doctors and hospitals that are part of the PPO, a large part of your medical bills are covered. You can use other doctors, but you'll pay more of the bill.

Pre-existing Condition: A health problem that existed before the date your insurance became effective. Your insurance company often will not cover all or any of the new expenses from a condition that you had before you signed up with them.

Premium: The amount you or your employer pays for coverage.

Primary Care Doctor: Usually the first doctor you call for health care. This is often a family physician or internist, and many women use their gynecologist. A primary care doctor monitors your health and diagnoses and treats minor health problems and refers you to specialists if needed. In many plans, care by specialists is paid for only if you are referred by your primary care doctor. An HMO or a POS plan will give you a directory of doctors and you choose your primary care doctor from this list. This means you have to choose a new primary care doctor if your current one doesn't belong to your new plan and doesn't want to join it. PPOs allow members to use primary care doctors outside the PPO network (at a higher cost). Fee-for-service plans allow any doctor to be used.

Provider: Any person (doctor, nurse, dentist) or institution (hospital or clinic) that provides medical care.

doctor que acepte el pago de la aseguradora como pago completo o puede buscarse a otro doctor. De otra manera tendría que pagar el resto usted mismo.

Deducible: es el monto de dinero que tiene que pagar cada año por sus gastos de cuidados médicos antes que su seguro comience a pagar.

Exclusiones: ciertas condiciones y circunstancias cuando la póliza no ofrezca beneficios. Éstos estarán enumerados en su póliza.

HMO (Organización de Mantenimiento de Salud) que por sus siglas en Inglés (HMO) significa "Health Maintenance Organization": plan de salud prepagado. Paga una cuota mensual y el HMO cubre sus visitas médicas, permanencia en el hospital, cuidados de emergencias, operaciones, chequeos, exámenes de laboratorios, rayos-x y terapia. Tiene que usar los doctores y hospitales designados por HMO o ellos no pagarán nada.

Manejo de cuidado médico: todos los HMO y PPO y muchos planes de Tarifa-por-Servicio tienen manejo de cuidado médico. Estas son maneras de disminuir costos y usar calidad del cuidado de sistema de salud.

Gastos máximos de su bolsillo: el dinero que más podría gastar sería el del deducible de un año y co-seguro. Es un monto en dólares establecido por la compañía de seguro, en adición a las cuotas mensuales. El seguro pagará todos los gastos sobre ese monto.

Póliza no-cancelable: una póliza que garantiza que usted puede obtener seguro, siempre y cuando pague las cuotas de seguro. También se llama póliza de renovación garantizada.

PPO (Organización de Proveedor Preferido) que significa en Inglés (Preferred Provider Organization): Es una combinación de tarifa-por-servicio tradicional y un HMO. Cuando usted use los doctores y hospitales que son parte de PPO, una parte grande de sus cuentas médicas están cubiertas. Puede usar otros doctores, pero pagaría más por su cuenta.

Condiciones Pre-existentes: un problema de salud que existía antes que la fecha de seguro tomó efecto. Su compañía de seguro muchas veces no cubrirá todo o parte de los nuevos gastos de una condición pre-existente antes que se cambiara con ellos.

Prima: el monto que usted o su empleador paga por la cobertura.

Doctor de Cuidado Primario (General): usualmente es el primer doctor que usted llama para sus cuidados médicos. A veces el doctor de la familia o internista, y muchas mujeres usan su ginecólogo. El doctor general chequea su salud, diagnostica, trata problemas menores de salud, y le refiere un especialista si lo necesita. En muchos planes, el cuidado por un especialista es pagado solamente si usted ha sido referido por su doctor general. Un plan de HMO o POS le ofrecerá un directorio de doctores y usted puede escoger su doctor general de ese listado. Eso significa que tiene que escoger un nuevo doctor general si su doctor actual no pertenece a su plan nuevo y no quiere afiliarse a este. PPO permite que sus miembros usen su doctor general fuera de la red de PPO (a un costo más alto). El plan de Tarifa-por-Servicio permite que vaya a cualquier doctor.

Third-Party Payer: Any payer for health care services other than you. This would be an insurance company, an HMO, a PPO, the federal government or possibly your employer.

Group Insurance Plans

Most Americans get health insurance through their jobs or are covered because a family member has group insurance at his or her job. Group insurance is generally the least expensive kind because the insurance company gives a better rate when there are many people in the group. In many cases, the employer pays part of the cost.

Some employers offer only one health insurance plan. Some offer a choice of plans; a fee-for-service plan, a health maintenance organization (HMO) or a preferred provider organization (PPO). Employers with 25 or more workers are required by federal law to offer employees the chance to enroll in an HMO.

If you or your family member leaves the job that has the health insurance coverage, you will lose that group coverage. It might be possible to keep the same policy, but you will have to pay for it yourself. This will definitely cost you more than group coverage for the same, or less, protection. A federal law makes it possible for most people to continue their group health coverage. This law is called COBRA (Consolidated Omnibus Budget Reconciliation Act of 1985) and requires that if you work for a business of 20 or more employees and leave your job or are laid off, you can continue to get health coverage for at least 18 months. You will be charged a higher premium than when you were working, but it is generally cheaper than if you try to get insurance on your own, since you are still getting the advantage of the group you were in.

You also will be able to get insurance under COBRA if your spouse was covered and you are widowed or divorced now. If you were in school and were covered under your parent's group plan, you can also continue in the plan for up to 18 months under COBRA until you find a job that offers you your own health insurance.

Small businesses might not offer health insurance and if you work part-time for any size business, you might not be able to get group insurance either. If your employer doesn't offer health insurance, you can sometimes get group insurance through membership in a labor union, professional association, club or other organization.

Individual Insurance Plans

If your employer doesn't offer group insurance, or if the insurance they offer is not very good, you can buy an individual policy. You can get HMO, PPO or POS protection. Compare companies very carefully

Proveedor: cualquier persona (doctor, enfermera, dentista) o institución (hospital o clínica) que brinda cuidados médicos.

Pagador, tercera-persona: cualquier pagador de los servicios de cuidado médico que no sea usted. Este sería la compañía de seguro, un HMO, un PPO, el gobierno federal o posiblemente su empleador.

Planes de Seguro Colectivo (Grupo)

Muchos americanos obtienen seguro de salud a través de sus trabajos o tienen cobertura porque un miembro de su familia tiene seguro colectivo (grupo) en su trabajo. Seguro colectivo (grupo) es generalmente el tipo menos costoso porque la compañía de seguro da un mejor precio cuando hay muchas personas en el grupo. En muchos casos, el empleador paga por parte del costo.

Algunos empleadores ofrecen plan de seguro de salud solamente. Algunos ofrecen una variedad de planes, un plan de Tarifa-por-Servicio un plan de mantenimiento de salud (HMO) o un plan de organización de proveedor preferido (PPO) Empleadores con 25 o más trabajadores son requeridos por las leyes federales de ofrecerle a sus empleados la oportunidad de registrarse en el plan HMO.

Si usted o miembros de su familia dejan el trabajo que tiene la cobertura del seguro de salud, usted perderá la cobertura de grupo. Podría ser posible que mantenga la misma póliza, pero usted mismo tendría que pagar por ello. Esto definitivamente le costará más que la cobertura de grupo para la misma o menor protección. Una ley federal hace posible para muchas personas continuar con la cobertura de grupo de salud. Esta ley llamada COBRA que por sus siglas en Inglés significa (Consolidated Omnibus Budget Reconciliation Act of 1985) requiere que si usted trabaja para un negocio de 20 o más empleados y deja su trabajo o hacen una reducción de empleados, usted puede continuar obteniendo cobertura de salud por lo menos hasta 18 meses. Se le hará un cargo mayor que cuando estaba trabajando, pero es generalmente mas barato que si usted trata de obtener aseguranza por su cuenta, mientras que usted esté todavía obteniendo beneficios del grupo en el que estaba.

Usted también podrá obtener aseguranza bajo COBRA si su esposa está cubierta y usted es viudo o divorciado ahora. Si usted estuviera en la escuela y estuviese cubierto bajo el plan de grupo de sus padres, usted puede continuar en este plan hasta 18 meses bajo COBRA hasta que encuentre un trabajo que le ofrezca su propio seguro de salud.

Negocios pequeños podrían no ofrecer seguro de salud y si usted trabaja medio tiempo para cualquier negocio, usted no podría obtener un grupo de salud. Si su empleador no le ofrece seguro de salud, algunas veces usted puede obtener aseguranza de grupo a través de su membresía en su sindicato laboral, asociación profesional, club u otra organización.

because coverage and costs vary. Individual plans often don't have benefits as broad as those found in group plans.

When Shopping for Individual Insurance

Shop very carefully, policies differ widely in coverage and cost. Contact different insurance companies, or ask the sales agent to show you policies from several insurers so you can compare them.

Learn how much the monthly premium is, what the deductible is and if there is a lifetime cap on the coverage. Be sure you know what is covered and what is not covered. Find out if prescriptions are covered and if a medical condition you might already have is covered.

Make sure the policy protects you from large medical costs. Read the policy carefully and be sure you understand it. Make sure it provides the kind of coverage that is right for you. You don't want unhappy surprises when you are sick or in hospital.

Check that the policy states the date the policy will begin paying, since some have a waiting period before coverage begins.

Beware of single disease insurance policies. There are some policies that offer protection for only one disease, such as cancer. If you already have health insurance, your regular plan probably already provides all the coverage you need. Check to see what coverage you have in your regular plan before buying any more insurance.

To find out about individual health insurance plans, you can call insurance companies in the Yellow Pages or ask the agent who handles your car or house insurance for recommendations.

I plan to make calendars, cassette tapes, CDs, T-shirts, coffee mugs and maybe a board game of this book. If you have any other ideas, write me or answer on the survey page of the website: www.HowToLiveAndThrive.com. I'll send you a free gift for your ideas.

Planes de Seguro Individual

Si su empleador no ofrece grupo de aseguranza o si la aseguranza que ofrece no es muy buena, usted puede comprar una póliza individual. Usted puede obtener HMO, PPO o POS protección. Compare compañías muy cuidadosamente porque la cobertura y costo varían. Muchas veces, planes individuales no tienen beneficios amplios tales como los que se encuentran en grupos de planes.

Cuando Busque un Seguro Individual

Compre muy cuidadosamente, las pólizas se diferencian ampliamente en costo y cobertura. Contacte diferentes compañías de seguros, ó pregúntele al agente de ventas que le muestre pólizas de algunos asegurados para que usted las pueda comparar.

Aprenda cuales son sus cuotas mensuales, cuales son los deducibles y si hay límite de por vida en la cobertura. Asegúrese de saber que le cubre y que no le cubre. Averigüe si la receta médica la cubre el seguro y si las condiciones médicas previas también las cubre.

Asegúrese de que la póliza lo proteja de costos médicos mayores. Lea la póliza cuidadosamente y asegúrese que usted la entienda. Cerciórese que le dé el tipo de cobertura que es mejor para usted, usted no quiere sorpresas inoportunas cuando esté enfermo o en el hospital.

Verifique que la póliza indique la fecha en que ésta se empezará a pagar, ya que algunas tienen un período de espera antes de que la cobertura empiece.

Debe tener cuidado con las pólizas de seguro de una sola enfermedad, hay algunas pólizas que solo ofrecen protección para una sola enfermedad, tales como el cáncer. Si usted ya tiene Seguro de salud, su plan regular probablemente ya provee la cobertura que usted necesita. Verifique que tipo de cobertura usted tiene en su plan regular antes de comprar cualquier otra Seguro.

Averigüe sobre los planes de seguro de salud individual, usted puede llamar a las compañías de seguro de las páginas amarillas o pregúntele al agente que maneja el seguro de su carro o casa para que le dé recomendaciones.

Tengo planes de hacer calendarios, cassettes, CDs, franelas o playeras, tazas de café y quizás un juego de mesa sobre este libro. Si tiene algunas otras ideas, escríbame o responda la encuesta en la página Web: www.HowToLiveAndThrive.com. Le enviaré un regalo por sus ideas.

Managed Care Plans

When you are learning about health insurance, you will often hear the term "managed care". It is a way for insurers to help control costs, so it influences how much health care you use. For example, a managed care plan usually requires that you receive approval from your insurance company before you are admitted to hospital, to make sure that the hospitalization is needed. If you go to the hospital (unless it is a real emergency) without this approval, the insurance company might not pay the hospital bill.

Fee-for-Service Plans

Fee-for-Service is the traditional kind of health care policy. Insurance companies pay certain fees for the care provided to its customers. This type of health insurance lets you choose any doctor you want and change doctors any time. You can go to any hospital in any part of the country.

You pay a monthly premium and the insurer pays part of your doctor and hospital bills. The way these policies pay is complicated and might be hard to understand.

You pay a certain amount (the deductible) of the medical costs each year before the insurance starts paying any of your bills. In a typical plan, the deductible might be $250 for each person in your family, with a family deductible of $500. The family deductible is reached when at least two people in the family have reached the individual deductible. The deductible requirement applies each year of the policy: it starts again at $0 each year. Only those expenses covered by the policy count toward your deductible. Read your policy and find out which ones are covered: if they aren't covered, they don't count toward your deductible.

After you have paid your deductible amount for the year, the insurance company shares the costs with you. Often you pay 20 percent while the insurer pays 80 percent. Your portion is called co-insurance.

To receive payment for fee-for-service claims, you will have to fill out forms and send them to your insurance company, unless your doctor's office will do this for you. You are responsible for keeping track of your own medical expenses and will have to keep receipts for drugs and other medical costs.

If you and your spouse have different insurance plans, you can't make a claim to both. A "coordination of benefits" clause usually limits benefits under two plans to no more than 100 percent of the claim. So, if one plan pays 80%, the other would pay the 20% the first plan doesn't pay.

Most fee-for-service plans have a "cap", the most you will have to pay for medical bills in any one year. You reach the cap when your out-of-pocket expenses (your deductible plus your co-insurance) total a certain

Manejo de Planes de Cuidado Médico

Cuando está aprendiendo acerca de seguros de salud, a menudo escuchará el término "manejo de cuidado médico" que significa en Inglés "Managed Care". De esta manera los asegurados se ayudan a controlar los costos, por lo tanto esto influye cuanto cuidado médico use. Por ejemplo, manejo de plan de cuidado médico usualmente requiere que reciba aprobación de su compañía de seguro antes que sea admitido al hospital, para asegurarse que la hospitalización es necesaria. Si va al hospital (al menos que sea una verdadera emergencia) sin la aprobación, la compañía de seguro no podría pagar la cuenta (bill) del hospital.

Planes de Tarifa-por-Servicio

Tarifa-por-servicio es el tipo de póliza tradicional de cuidado médico. Compañías de seguro pagan ciertas tarifas por el cuidado proveído a sus clientes. Este tipo de seguro de salud le deja escoger cualquier doctor que usted quiera, y cambiarlos cuando quiera. Puede ir a cualquier hospital en cualquier parte del país.

Usted paga un monto mensual y la aseguradora paga parte de su cuenta médica y de hospital. La manera que estas pólizas pagan es complicada y sería muy difícil entenderla.

Usted paga cierto monto (el deducible) del costo médico cada año antes que el seguro comience a pagar cualquiera de sus cuentas. En un plan típico, el deducible seria $250 por cada persona en su familia, con un deducible familiar de $500. El deducible familiar comienza cuando por lo menos dos personas en la familia han obtenido/llegado al deducible individual. El requerimiento del deducible aplica cada año de la póliza: comienza de nuevo en cero cada año. Solamente los gastos cubiertos por la póliza cuentan en el deducible. Lea su póliza y busque cuales están cubiertos: si no están cubiertos, ellos no cuentan en su deducible.

Después que haya pagado el monto de su deducible por año, la compañía de seguro, comparte los costos con usted. A veces usted paga 20 por ciento, mientras la aseguradora paga el 80 por ciento. Su porción se llama co-seguro.

Para recibir pagos de reclamos por tarifa-por-servicio, tendría que llenar unas planillas y enviárselas a la compañía de seguro, al menos que la oficina de su doctor lo haga por usted. Usted es responsable por mantener el record de sus gastos médicos y tendrá que conservar los recibos de las medicinas y otros gastos médicos.

Si usted y su cónyuge tienen planes diferentes de seguro, no puede hacer el reclamo a los dos. Una cláusula de "coordinación de beneficios", usualmente limita los beneficios bajo los dos planes por no más de 100 por ciento del reclamo. Por lo tanto, si un plan paga 80%, el otro paga el 20% de lo que el primer plan no pagó.

Muchos planes de tarifas-por-servicio tienen un "límite", los más que tendría que pagar por cuentas médicas en el período de un año. Usted llega al límite cuando los gastos de su bolsillo (sus deducibles más su co-seguro) amount. It may be as low as $1,000 or as high as $5,000. The insurance company then pays the full amount (over the cap) for the items your policy says it will cover. The cap does not include what you pay for your monthly premium. Plans with a higher cap and a higher deductible have lower premiums than others.

Some services are limited or not covered at all. Check if there is preventive care coverage such as immunizations and well-child care.

The two kinds of fee-for-service coverage are "basic" and "major medical". Basic protection pays toward the costs of a hospital room and care while you are in the hospital. It covers some hospital services and supplies, such as x-rays and prescribed medicine. Basic coverage also pays toward the cost of surgery, whether it is performed in or out of the hospital and also pays for some doctor visits.

Major medical insurance takes over where your basic coverage stops. It covers the cost of long, expensive illnesses or injuries.

Some policies combine basic and major medical coverage into one plan, often called a "comprehensive plan." Check your policy to make sure you have both kinds of protection.

Health Maintenance Organizations (HMO)

Health Maintenance Organizations are prepaid health plans. You pay a monthly premium and the HMO covers medical care for you and your family. It pays doctors' visits, hospital stays, emergency care, surgery, laboratory (lab) tests, x-rays and therapy.

The HMO arranges for this care through doctors and other health care professionals who have a contract with them. The choice of doctors and hospitals is limited to those that have contracts with the HMO, but exceptions can be made in emergencies or when medically necessary.

There will probably be a small co-payment, possibly $5, for each doctor's office visit and about $25 for hospital emergency room treatment. Your total medical costs will almost certainly be lower and more predictable in an HMO than with other types of insurance.

Since HMOs receive a fixed amount for your covered medical care, it is important to them to make sure you get necessary basic health care and not allow your problems to become serious. HMOs usually provide preventive care; office visits, immunizations, well-baby checkups, mammograms and physicals. The range of covered services varies, so it is very important to compare plans if you have a choice. Some services, such as physical therapy, often are provided only on a limited basis.

Many people prefer HMOs because they only have to show a membership card at the doctor's office or hospital and don't need claim forms. A disadvantage of an HMO is that you may have to wait longer for totalicen un cierto monto. Podría ser tan bajo como $1.000 o tan alto como $5.000. La compañía de seguro entonces paga el monto completo (sobre el límite) de los servicios que su póliza dice que cubrirá. El límite no incluye lo que usted paga por sus pagos mensuales. Planes con límites y deducibles altos, tienen costos más bajos que los otros.

Algunos servicios son limitados o no los cubre del todo. Verifique si tiene cobertura de cuidado preventivo tales como inmunizaciones y cuidado médico de niño.

Los dos tipos de tarifa-por-servicio son "básicos" y "médico mayor". Protección básica paga el costo del gasto del cuarto del hospital y el cuidado mientras permanezca en el mismo. Cubre algunos servicios de hospitales, suministro de rayos-x y medicinas prescritas. La cobertura básica también paga el costo de operación, ya sea hecha en el hospital o fuera y también paga por algunas visitas al médico.

El seguro médico mayor continua cuando la cobertura básica se acaba. Cubre el costo de enfermedades o heridas prolongadas.

Algunas pólizas combinan básica y cobertura mayor en un solo plan, llamado a menudo "plan comprensivo". Revise su póliza para asegurarse que tiene los dos tipos de protección.

Organización de Mantenimiento de Salud (HMO)

La Organización de Mantenimiento de Salud (HMO) ofrece planes de salud prepagados. Usted paga un monto mensual y el HMO cubre cuidado médico para usted y su familia. Este paga visitas médicas, permanencia en el hospital, cuidado de emergencia, operaciones, exámenes de laboratorios (lab), rayos-x y terapia.

El HMO coordina éste cuidado médico a través de doctores y otros profesionales del cuidado de la salud quienes tienen contratos con ellos. La selección de doctores y hospitales es limitada a esos que tienen contrato con HMO, pero se pueden hacer excepciones en casos de emergencias o cuando se necesite médicamente.

Habría probablemente un co-pago, posiblemente $5, por cada visita médica y cerca de $25 por tratamiento en el cuarto de emergencia del hospital. Su costo médico total será ciertamente más bajo y más predecible en un plan de HMO que con otros tipos de seguro.

Como HMO, recibe un monto fijo de su cobertura de cuidado médico, es importante para ellos asegurarse que usted obtenga cuidado médico básico y no permitir que sus problemas llegaran a ser serios. El HMO usualmente proporciona cuidado preventivo, consultas médicas, vacunas, cuidado infantil, mamografías y chequeo general. El rango de la cobertura de servicio varía, así que es muy importante comparar los planes si tiene una opción. Algunos servicios tales como una fisioterapia, a menudo son proveídas solamente por un límite básico.

Mucha gente prefiere los HMO porque ellos solo tienen que mostrar a la oficina del doctor u hospital una tarjeta de membresía y no necesitan formas de reclamo. Una desventaja del HMO es que tiene que esperar más por una an appointment than you would with the other plans.

In an HMO, you are assigned or choose one doctor from their list, to serve as your primary care doctor. This doctor provides most of your care and refers you to specialists and other health care professionals if needed. You usually can't see a specialist without a referral from your primary care doctor. This is how HMOs manage your care and their expenses.

If you switch jobs or insurance companies, you may have to switch doctors. If that happens, ask your doctor if he or she participates in the new plan or will join it.

Before choosing an HMO, talk to people you know who are enrolled in the one you are considering. Ask them how they like the services and care given. Many people love HMOs and many hate them.

Point-of-Service Plans (POS)

Many HMOs offer an indemnity-type option known as a POS plan. In a POS plan, the primary care doctor tries to make referrals to other providers in the plan. If the doctor makes a referral out of the network, the plan pays all or most of the bill.

If you decide to go to a doctor outside the network and the medical service is covered by the plan, you will have to pay co-insurance. They want you to use doctors in their network, but in a POS plan, you can go to doctors not in the plan and still get some coverage.

Preferred Provider Organizations (PPO)

The Preferred Provider Organization (PPO) is a combination of traditional fee-for-service and an HMO. There is a list of doctors and hospitals to choose from, like an HMO and when you use those preferred providers, most of your medical bills are covered.

When you use doctors in the PPO, you present a card and you don't fill out claim forms. For some services, you may have to pay a deductible and co-insurance and usually there is a small co-payment ($10-$20) for each visit. The amount you pay for a prescription is often $10-$15.

Just like in an HMO, a PPO requires you to choose a primary care doctor to manage your health care. Most PPOs cover preventive care, which usually includes visits to the doctor, physicals, well-baby and well-child care, immunizations and mammograms.

In a PPO, you can use doctors who are not on the list your plan gives you and it will still pay part of the claims. With these doctors, you will pay a larger portion of the bill yourself (and fill out the claim forms). Some people like this option because even if their favorite doctor or specialist is not a part of the network, it means they do not have to change doctors to join a PPO.

cita que lo que esperaría con los otros planes.

En el HMO le asignan o escogen a un doctor de su listado, para servirle como su doctor de cuidado primario (medicina general). Este doctor provee la mayor parte de su cuidado y le refiere a especialistas u otros profesionales de cuidado de salud si lo necesita. Usualmente no puede ver a un especialista sin una referencia de su doctor de cuidado primario. Así es como los HMO dirigen su cuidado y sus gastos.

Si se cambia de trabajo o compañía de seguro, pueda que se tenga que cambiar de doctores. Si esto pasa, pregúntele a su doctor si él o ella participa en el nuevo plan o si se afiliará.

Antes de escoger un HMO, hable con la gente que conoce quienes están registrados en el plan que está considerando. Pregúnteles como les parece el servicio y el cuidado que le dan. A mucha gente le gusta HMO y otras no les gusta.

Planes de Punto-de-Servicio (POS)

Muchos HMO ofrecen un tipo de opción compensatoria conocida como Punto-de-Servicio que por sus siglas en Inglés (POS) significa "Point-of-Service Plan". En un POS, el doctor de cuidado primario (medicina general) trata de hacer referencias hacia otros proveedores en el plan. Si el doctor hace una referencia fuera de su red, el plan paga todo o casi toda la cuenta.

Si decide ir a un doctor fuera de la red y el servicio médico está cubierto por el plan, tiene que pagar co-seguro. Ellos quieren usar doctores en su red, pero en un plan POS, puede ir a doctores que no estén en el plan y todavía obtener alguna cobertura.

Organización de Proveedores Preferidos (PPO)

La organización de Proveedores Preferidos, que por sus siglas en Inglés (PPO) significa "Preferred Provider Organization" es una combinación tradicional de tarifa-por-servicio y un HMO. Hay una lista de doctores y hospitales a escoger, como el HMO, y cuando use esos proveedores preferidos, la mayoría de sus cuentas médicas estarán cubiertas.

Cuando use doctores en el PPO, presente una tarjeta y no llene forma de reclamo. Para algunos servicios tiene que pagar un deducible y una co-aseguranza y usualmente hay un pequeño co-pago ($10-$20) por cada visita. La cantidad que paga por una prescripción es a menudo $10-$15.

Así como en un HMO, un PPO requiere que elija a un doctor de cuidado primario para administrar el cuidado de su salud. La mayoría de los PPO cubren los cuidados preventivos, los cuales usualmente incluyen visita al doctor, chequeos generales, cuidado de bebé, niño, inmunizaciones y mamografía.

En un PPO, puede usar doctores que no estén en el listado de su plan y todavía pagaría parte de los reclamos. Con estos doctores, pagaría una gran parte de la factura por su cuenta (llene las formas de reclamo). Algunas personas les gusta esta opción porque si su doctor o especialista favorito no pertenece a la red, significa que ellos no tienen que cambiar de doctor para afiliarse al PPO.

Choosing Your Health Insurance Plan

After you understand the benefits that are available and decide what benefits you are interested in, compare the plans. You should think about the services that are offered, choice and location of the doctors' office and the costs and quality of care.

You can't know exactly what your health care needs for the next year will be, but you can guess what care you and your family might need. Estimate what the total costs would be for those services under each plan.

Understanding health insurance can be very difficult. There are many plans available, and deciding which one is best for you is not easy. You won't ever find one that is perfect, but you should be able to find one that does most of what you and your family need.

What Benefits are Offered?

Most plans provide basic medical coverage, but the best plan for other people might not be the best plan for you. Check each plan you are considering and find out how it handles the following:

Physical exams and health screenings (breast exams, Pap smears, etc.).
Specialists.
Hospitalization and emergency care.
Prescription medications.
Preventive care (shots for children and flu shots for the elderly).
Vision care.
Dental services.
Mental health care and counseling.
Drug and alcohol abuse programs.
Obstetrical-gynecological care and family planning.
Care for long-term diseases, conditions or disabilities.
Physical therapy and other rehabilitation.
Home health, nursing home and hospice care.
Chiropractic or alternative health care.

How Do You Check Quality?

It is hard to measure quality, but information to assist you is available. Whatever kind of plan you are considering, you can check out individual doctors and hospitals.

Many managed care plans are regulated by federal and state agencies. Indemnity plans are regulated by state insurance commissions. The Department of Health or Insurance Commission in the capital city of your state can tell you about any plan you are interested in. Look in the State Government part of your telephone book.

You can also talk to current members of the plan. If the plan is offered

Escogiendo Su Plan de Seguro de Salud

Después que comprenda los beneficios disponibles y usted decida en cual está interesado, compare los planes. Debería pensar acerca de los servicios que son ofrecidos, elección y localización de los consultorios médicos, costos y la calidad del cuidado.

No podría saber exactamente que cuidado de salud va a necesitar para el próximo año, pero puede estimar que cuidado usted y su familia pudieran necesitar. Estime cual sería el costo total para esos servicios bajo cada plan.

La comprensión del seguro de salud puede ser muy difícil. Hay muchos planes disponibles, y la decisión de escoger cual es el mejor para usted no es fácil. Nunca encontraría alguno que fuese perfecto, pero pudiera conseguir alguno que tenga lo que usted y su familia necesiten.

Que Beneficios Ofrecen

Muchos planes proveen cobertura básica médica, pero el mejor plan para una persona pueda que no sea el mejor plan para usted. Revise cada plan que está considerando y averigüe como procesa lo siguiente:

Exámenes físicos y chequeo de salud (exámenes de seno, papanicolau, etc.).
Especialistas.
Hospitalizaciones y cuidado de emergencias.
Prescripciones médicas.
Cuidados preventivos (vacunas para niños y vacunas de influenza (gripe) para ancianos).
Cuidado de la visión.
Servicios dentales.
Cuidado de salud mental y consejero.
Programas de abuso de droga y alcohol.
Cuidados de obstetricia-ginecología y planificación familiar.
Cuidados de enfermedades de largo plazo, condiciones o incapacidades.
Fisioterapia y otras rehabilitaciones.
Cuidado médico en la casa, ancianato y cuidados médicos de enfermedades terminales (hospice).
Quiropráctico o cuidado de salud alternativa.

¿Cómo se Debe Chequear por la Calidad?

Es difícil medir calidad, pero la información de asistencia está disponible. Cualquier tipo de plan que esté considerando, puede investigar a doctores individuales y hospitales.

Muchos planes de manejo de cuidado de salud están regulados por agencias federales y estatales. Planes de compensación son regulados por el estado, por el comisionado de seguros. El departamento de salud o comisionado de seguro en la capital de su estado le puede decir acerca de cualquier plan que usted esté interesado. Busque en la sección del gobierno estatal en su guía telefónica.

at work, ask your co-workers how they like the plan, ask them about their experiences, such as waiting times for appointments, the helpfulness of medical staff, the services offered and the care they receive.

Choosing a Doctor

Your doctor could be a very important part of your life, so it is important to choose carefully from the doctors who are available to you.

Managed care plans have their own rules. In some plans you'll have to choose from certain doctors: in other plans, doctors may be part of a network and you'll pay less if you use them. Ask your plan for the directory of providers. Doctors in a directory provided to you by the managed care plan usually will take new patients. If you can't find a doctor that is accepting new patients, check your state Medical Board or Board of Medical Examiners, you can find them listed in your telephone book in the state section, or call 411.

You can check on a doctor's experience by asking the managed care plans and medical offices for information about the doctor. Or you can look up basic information about doctors in the Directory of Medical Specialists, available at your local library. The American Medical Association has information about physicians on the Internet. Their website address is www.ama-assn.org.

You might want to know if the doctor is board certified, which means the doctor has completed several years of training and passed an exam in a specialty. All doctors have to be licensed to practice medicine, some also are board certified. The website of the American Board of Medical Specialties has information, too. Their website address is www.abms.org.

To find out if any complaints have been filed against a doctor, call your State Medical Licensing Board. Call 411 for the phone number, the office is probably in the capital city of your state.

Once you have gotten your choices down to two or three doctors, you can set up "get acquainted" appointments with them if you want. Ask what they charge for these visits. During these appointments ask the doctors any questions you have about their service and how they handle any health problems you have. This appointment is not to get medical advice: it is for you to interview the doctor.

Get the Best Service from Your Plan

Read your health insurance policy and member handbook and make sure you understand the benefits, coverages and limits. The sales brochures help, but they don't give you the whole story.

Ask your plan if it has a newsletter and subscribe to it.

If you get your insurance through work, talk to your human resources

También puede hablar con los miembros vigentes del plan. Si el plan es ofrecido en el trabajo, pregúntele a sus compañeros de trabajo si les gusta el plan, pregúnteles acerca de sus experiencias, tal como tiempo de espera por citas médicas, la amabilidad del personal médico, los servicios que ofrecen y el cuidado que reciben.

Escogiendo a un Doctor

Su doctor puede ser una parte muy importante de su vida, por lo tanto, es importante escoger cuidadosamente entre los doctores que estén disponibles para usted.

El plan de manejo de cuidado médico tiene sus propias reglas. En algunos planes tiene que escoger a ciertos doctores: en otros planes, los doctores pueden ser parte de una red y usted paga menos si lo usa. Pídale a su plan por el directorio de proveedores. Averigüe si los doctores, que se encuentran en el directorio que el plan de manejo de cuidado médico le dio, aceptarán pacientes nuevos. Si no puede encontrar un doctor que estén aceptando pacientes nuevos, averigüe con la Junta Médica o la Junta Médica de Examinadores, los puede encontrar en el listado de la guía telefónica en la sección del estado, o llame 411.

Usted puede chequear la experiencia de un doctor, preguntándole al plan de manejo de cuidado médico y oficinas médicas, por información acerca de éste. Puede buscar información básica acerca de doctores en el Directorio de Especialistas Médicos, disponible en su biblioteca local. La Asociación Médica Americana tiene información acerca de sus médicos en el Internet. La dirección de Web es www.ama-assn.org.

Usted debería saber si el doctor está certificado por la junta médica, lo que significa que el doctor ha completado varios años de entrenamiento y que haya pasado un exámen en una especialidad. Todos los doctores tienen que tener licencia para practicar medicina, algunos también están certificados por la junta médica. La dirección de Web es www.abms.org.

Para averiguar si se han hecho quejas en contra de un doctor, llame a la Junta del Estado de Licencia Médica. Llame al 411 por el número de teléfono, la oficina estará probablemente en la ciudad capital de su estado.

Una vez que haya reducido su escogencia a dos o tres doctores, puede pedir una cita "para conocerse mutuamente" con ellos si quiere. Pregunte cuanto cobran por esta visita. Durante esta visita hágale al doctor cualquier pregunta que tenga acerca de su servicio y como manejaría cualquier problema de salud que usted tenga. Esta cita no es para obtener consejo médico: es para entrevistar al doctor.

Obtenga el Mejor Servicio de Su Plan de Seguro

Lea su póliza de seguro de salud y el folleto de membresía y asegúrese que entienda los beneficios, coberturas y límites. Los volantes de venta ayudan, pero no le dan toda la historia.

Pregunte a su plan si tienen un boletín y subscríbase.

department to learn more details about your policy.

Ask your doctor about regular screenings and about the risks and benefits of tests and treatments.

Make sure you understand and can follow the doctor's instructions. If you are concerned about understanding English, take someone else with you to translate for you or take notes to help you understand.

Ask questions and if you don't understand the answers, ask again. The doctor is working for you: find a different doctor if you don't get clear answers from this one.

Write down your questions and concerns. Keep a file or envelope for you and each of your family members. Include dates of shots, illnesses, treatments, prescriptions and hospital visits. This will help you explain any health problems when you meet with your doctor. Ask for copies of lab results and keep them in the file.

Keep a list of your medicines: write down any side effects and other problems such as other drugs and foods that shouldn't be taken at the same time. An information sheet comes with all prescriptions, read and keep that information. If you lose it, ask your pharmacist for another one.

Getting Care When You Need It

Learning what your health plan will do for you and how it works are important steps to getting the care you need. Ask all the questions you can think of, you are the customer and have a right to get answers.

Ask if there is a toll-free advice hotline. Some plans have this telephone service that helps members decide how to solve a problem and they may not need to see a doctor if they follow this advice.

Recent research has shown that millions of Americans don't get the treatments they need. At the same time many others receive treatments that are unnecessary, expensive or even harmful to their health.

Now you see why it is important to work closely with your doctor when medical decisions have to be made. Make sure your doctor knows your questions, fears, concerns and preferences. Don't be afraid to ask the doctor all your questions. It is your right to ask and to get answers you can understand.

If you have an idea that should be added to the next edition, write me or answer on the survey page of the website: www.HowToLiveAndThrive.com. I'll send you a free gift for your ideas.

Si obtiene su seguro a través del trabajo, hable con el departamento personal para aprender más detalles acerca de su póliza.

Pregúntele al doctor acerca de chequeos regulares y acerca de los riesgos y beneficios de los exámenes.

Asegúrese que entienda y que pueda seguir las instrucciones del doctor. Si está preocupado acerca del entendimiento del Inglés, lleve a alguien para que le interprete o tome notas para ayudarlo a entender.

Haga preguntas, y si no entiende, pregunte de nuevo. El doctor está trabajando para usted: consígase un doctor diferente, si el doctor que tiene no le da respuestas claras.

Escriba sus preguntas y preocupaciones. Mantenga un archivo o sobre para usted y cada miembro de la familia. Incluya fechas de vacunas, enfermedades, tratamientos, prescripciones visitas al hospital. Esto le ayudará a explicar cualquier problema de salud cuando vaya con su doctor. Pida copias de sus resultados de laboratorio y manténgalas en su archivo.

Mantenga una lista de sus medicinas: escriba cualquier efecto secundario u otros problemas tales como medicinas y comidas que no se deben tomar al mismo tiempo. Una hoja de información viene con todas las prescripciones médicas, léalas y conserve esa información. Si la pierde, pídale otra a su farmacéutico.

Obteniendo Atención Médica Cuando la Necesite

Aprender lo que su plan de salud hará por usted y como trabaja, son pasos importantes para obtener el cuidado que necesita. Haga todas las preguntas que pueda pensar, usted es el cliente y tiene derecho a obtener las respuestas.

Pregunte si hay una línea de llamadas gratis de consejo. Algunos planes tienen este servicio telefónico para ayudar a los miembros a decidir como resolver el problema y probablemente no tengan que ver al doctor si siguen ese consejo.

Estudios recientes han mostrado que millones de americanos no obtienen los tratamientos que necesitan. Al mismo tiempo muchos otros reciben el tratamiento innecesario, caros o ya sean dañinos para su salud.

Ahora sé da cuenta porque es importante trabajar en conjunto con su doctor cuando haya que tomar decisiones médicas. Asegúrese que su doctor sepa sus preguntas, miedos, preocupaciones y preferencias. No le dé miedo de hacerle al doctor todas las preguntas. Es su derecho preguntar y obtener respuestas que pueda entender.

Si tiene una idea que pudiera ser incluida en la próxima edición, escríbame o responda la encuesta en la página Web: www.HowToLiveAndThrive.com. Le enviaré un regalo por su idea.

Insurance Rules – Before You Go to Hospital

The most important time to find out what rules your plan has about hospital care is *before* you need it. If you don't follow the rules on hospitalization, the cost of your hospital care may not be covered.

Planned Hospitalizations

Unless it is a medical emergency, your health insurance plan or primary care doctor usually has to give advance approval or a pre-admission certification, for you to go to the hospital. Ask these questions:

What hospitals can I go to?

Is there a limit on how long I can stay in the hospital? Who decides when I can leave (doctor or insurance plan)?

If a nursing home or home health care is needed when I am released from hospital, will it be covered by the plan?

Ask if your plan encourages getting a second doctor's opinion if surgery or another treatment is needed. Ask who pays for the second doctor's examination.

Emergency or Urgent Care

If you have an actual medical emergency, you should call 911 and go to the nearest hospital as fast as possible. Don't worry if it is the hospital that is in your insurance plan directory.

But it is important for you to know ahead of time what kinds of medical problems are classified real emergencies and how to arrange for ambulance service, if you need one. Most plans have to be told within a certain number of hours after emergency *admission* to a hospital. If the hospital you are taken to is not part of your plan, you might be transferred to a network hospital when you are well enough to be moved.

You don't want to worry about this in the middle of an emergency, so find out the answers to these questions *before* you need them:

How does the plan handle urgent care after normal office hours?

How do I get urgent care or hospital care if I am away from the area where I live?

How do I notify the insurance company? How soon after I get the care do I have to notify them?

Which conditions or injuries are considered "emergencies" and which are considered "urgent"?

Reglas del Seguro – Antes que Vaya al Hospital

El tiempo más importante de saber que reglas tiene su plan acerca del cuidado del hospital es *antes* que lo necesite. Si no sigue las reglas en una hospitalización, el costo de su cuidado en el hospital no podría ser cubierto.

Planificación de Hospitalización

Al menos que sea una emergencia médica, su plan de salud o doctor general usualmente tiene que dar la aprobación avanzada o un certificado de pre-admisión, para que pueda ir al hospital. Haga las preguntas:

¿A qué hospital puedo ir?

¿Hay un límite en el tiempo que me puedo quedar en el hospital? ¿Quién decide cuando puedo salir (doctor o plan de seguro)?

¿Si un ancianato o cuidado de salud en la casa es necesario, cuando me den de alta en el hospital, será cubierto por el plan?

Pregunte si su plan acepta que busque una segunda opinión médica, si una operación u otro tratamiento es necesario. Pregunte quien paga por la segunda opinión médica.

Emergencia o Atención Médica Urgente

Si tiene una verdadera emergencia, debe llamar al 911 e ir al hospital más cercano tan pronto como sea posible. No se preocupe si no es el hospital que está en el directorio de su plan de seguro.

Pero es importante que sepa por adelantado que tipo de problemas médicos están clasificados como verdaderas emergencias y como hacer arreglos para el servicio de ambulancia, si necesita una. Muchos planes deben ser avisados en cierto número de horas después de *la admisión* de emergencia al hospital. Si el hospital al que lo están llevando no es parte de su plan, pueda que lo transfieran a un hospital de la red cuando esté en condiciones favorables de ser movido.

Usted no quisiera preocuparse por lo siguiente en el medio de una emergencia, por lo tanto obtenga las respuestas a estas preguntas *antes* que las necesite:

¿Cómo trabaja el plan cuidado médico urgente después de horas de oficina normales?

¿Cómo obtener cuidado médico urgente y cuidado de hospital si estoy fuera del área donde vivo?

¿Cómo le notifico a la compañía de seguro? ¿Qué tan pronto después de obtener el cuidado médico tengo que notificarles?

¿Qué condiciones médicas o heridas son consideradas como "emergencias" y cuales son consideradas "urgentes"?

Urgent care is for problems that are not actual emergencies but still need quick medical attention. Check with your plan to find out what it considers to be urgent care. (A broken bone would usually be an emergency, a serious sprain might be considered urgent and a minor sprain would just need a doctor visit.) Call your doctor or the plan's hotline for advice. Some plans also have urgent care offices for members and they will tell you to go there. If you go to the emergency department for something that really is not an emergency, your plan probably won't pay for it.

What If You Are Unhappy with Your Care?

Understanding how your health plan works, what your rights are and how to file a complaint, are all part of getting the best care and service from your plan.

You are entitled to copies of test results and all medical information about yourself. If you are in a managed care plan and are unhappy with your primary care doctor, you can ask if you can pick a different doctor from their list. If you have the insurance through your job, you might be able to switch plans during open enrollment, which usually happens once a year. Your human resources department can tell you when that open enrollment time is.

> *Health insurance is confusing, but very important to have. Take your time and pick one that will take care of your family.*

If your plan refuses to provide or pay for services you need, you can complain about any decision you feel is unfair, or you can appeal it. Most plans have an appeal process that both you and your doctor can use if either of you disagree with the plan's decisions. Contact the member services division of your plan for more information.

Always use your plan's complaint process before taking other action, such as legal actions. Keep written records of all emails, faxes and letters you write to the plan along with your claims forms and copies of your bills. Keep track of all phone conversations with the date and time, the people you talk to and what you talked about during each call.

If you have a story about how this book has helped you, write me or answer on the survey page of the website: www.HowToLiveAndThrive.com. I'll send you a free gift for your stories.

Cuidado de urgencia es para problemas que no son de actual emergencia, pero todavía necesitan atención médica rápida. Averigüe con su plan para averiguar que se considera cuidado urgente. (Un hueso roto usualmente es una emergencia, una torcedura mayor puede ser considerada urgente y una torcedura menor solamente necesitaría una visita al doctor.) Llame a su doctor o a la línea telefónica para que lo aconsejen. Algunos planes también tienen oficinas de cuidado urgente para miembros y ellos le dirán donde ir. Si va al departamento de emergencia para algo que en realidad no es considerado como una emergencia, su plan probablemente no pagará por ello.

¿Que Pasa Si está Descontento con Su Cuidado Médico?

Entendiendo como su plan de salud funciona, cuales son sus derechos y como registrar un reclamo son todos parte de la obtención del mejor cuidado y servicio de su plan.

Usted tiene derecho a copias de los resultados de los exámenes y de toda la información médica relacionada con su persona. Si usted está en un plan de cuidado dirigido y está descontento con su doctor de cuidado primario (medico general), puede preguntar si puede escoger a un doctor diferente de su lista. Si usted tiene seguro a través de su trabajo, usted pudiera hacer cambios de sus planes durante su proceso de ingreso, el cual sucede usualmente una vez al año. Su departamento de recursos humanos le puede indicar el momento cuando se abren estos ingresos.

Si su plan se niega a proveerle o pagarle por los servicios que necesita, usted puede reclamar acerca de cualquier decisión que sienta que es injusto, ó puede apelar. Muchos planes tienen procesos de apelación, que ambos usted y su doctor pueden usar si ambos están en desacuerdo con las decisiones del plan. Para mayor información contacte la división de servicios de miembros de plan.

> *El seguro de salud es confuso, pero muy importante de tenerlo. Tómese su tiempo y escoja uno que proteja a su familia.*

Siempre use sus procesos para reclamos de planes antes de tomar otra acción tales como acciones legales. Mantenga registros escritos de todos los correos electrónicos, faxes y cartas que halla escrito al plan conjuntamente con las formas de reclamos y copias de sus facturas. Mantenga un seguimiento de todas las conversaciones telefónicas con fecha y hora, la gente con quien habla y que habló durante cada llamada.

Si tiene alguna anécdota con relación a como le ha ayudado este libro, escríbame o responda la encuesta en la página Web: www.HowToLiveAndThrive.com. Le enviaré un regalo por su anécdota.

Other Medical Insurance

There are many other kinds of medical insurance you can buy. Each is for a special circumstance: get all the information you can and decide if your family needs or wants some of these.

Medicare and Medigap

Medicare is the federal health insurance program for Americans age 65 and older and for certain disabled Americans under 65. Medicare has two parts: Part A, which is hospital insurance and Part B, which is supplementary medical insurance. Part B provides payments for doctors and related services and supplies ordered by the doctor. If you are eligible for Medicare, Part A is free, but most people have to pay for Part B.

Medicare will pay for many, but not all, of your health care expenses. Medicare helps pay for in-patient care in hospitals, skilled nursing facilities, hospice care and some home health care. There are special rules regarding when Medicare pays your bills if you have employer group health insurance coverage through your own job or your spouse's.

Medicare usually operates on a fee-for-service basis. HMOs and similar prepaid health care plans are available to Medicare enrollees in some locations.

Some people who are covered by Medicare buy private insurance, called Medigap policies. These pay the medical bills that Medicare doesn't cover (the "gaps"). Some Medigap policies cover Medicare's deductibles, most pay the co-insurance amount and some also pay for health services not covered by Medicare. If you buy a Medigap policy, don't purchase more than one. Shop carefully before deciding on the best policy for your needs, as long as you pay the premiums, it will be renewed each year.

The best information booklets on the Medicare program are available free by calling 1-800-633-4227, including "Guide to Health Insurance for People with Medicare", "Medigap Policies, The Basics", "Your Medicare Rights and Protections" and "Choosing a Medicare Health Plan: A Guide for People with Medicare". You can also contact your local Social Security office for information and materials. Check Medicare's website at www.medicare.gov for more information. There are about 55 publications you can order or download. Most of these publications are printed in English, Spanish, Chinese and braille and there are also audiotapes available.

Otros Seguros Médicos

Hay muchas otras clases de seguros médicos que usted puede comprar. Cada uno es para una circunstancia especial: obtenga toda la información que pueda y decida si su familia necesita o desea alguno de éstos.

Medicare y Medigap

El Medicare es el Programa Federal del Seguro de Salud para los estadounidenses mayores de 65 año e incapacidad temporal para los estadounidenses menores de 65 años. El Medicare tiene dos partes: la parte A, la cual es seguro de hospitalización y la parte B, la cual es el seguro médico suplementario. La parte B, provee pagos para los doctores y servicios relacionados con órdenes de suministro dado por el doctor. Si usted es elegible para el Medicare, la parte A, es gratis, pero la mayoría de las personas tienen que pagar por la parte B.

El Medicare pagará por mucho, pero no por todo, lo relacionado con sus gastos de cuidado de salud. El Medicare ayuda a pagar por la atención inmediata en los hospitales, y por los servicios de enfermería, especialidades, cuidados médicos de enfermedades terminales en el hogar (hospice) y cuidado de salud en su hogar. Hay reglas especiales con respecto a cuando el Medicare paga las cuentas si tiene cobertura de seguro de grupo de salud a través de su propio trabajo o de su esposa.

El Medicare usualmente opera en base de una Tarifa-por-Servicios básicos. HMO y planes similares de cuidado de salud prepagados están disponibles en algunos lugares para las personas afiliadas al Medicare.

Algunas personas que están cubiertas por Medicare compran Seguros privados, llamados Pólizas Medigap. Este paga las cuentas médicas que Medicare no cubre ("gaps"). Algunas pólizas Medigap cubren los deducibles del Medicare, muchos pagan el cobro mínimo del seguro y algunos también pagan por servicios de salud, aunque no esté cubierto por Medicare. Si usted compra una póliza Medigap, no compre más de una. Busque cuidadosamente antes de decidir en la mejor póliza para sus necesidades, siempre y cuando pague sus cuotas, se renovará cada año.

El mejor manual de información del programa Medicare está disponible gratis llamando al 1-800-633-4227, incluye "guía de seguros de salud para personas con Medicare", "Pólizas Medigap, los básicos", "sus derechos de Medicare y protección" y "escogiendo un plan de salud Medicare: Una guía para personas con Medicare". Usted también puede contactar su oficina local de seguro social, para información y materiales. Revise la página Web del Medicare en www.medicare.gov para más información. Hay aproximadamente 55 publicaciones que usted puede ordenar o bajar la información del Internet. La mayoría de estas publicaciones están impresas en Inglés, Español, Chino y en escritura sobre relieve y también están disponibles en cassettes.

Disability Insurance

Disability insurance is an important type of insurance for working-age people to consider. It replaces income you lose if you have a long-term illness or injury and can't work for a period of time. Disability insurance doesn't cover the cost of rehabilitation if you are injured, but your medical insurance might cover that, so see if it is covered there.

Some employers offer group disability insurance as one of the benefits for their employees. You might be eligible for some government-sponsored programs that provide disability benefits. Call the Social Security Administration at 1-800-772-1213 for information.

Many different kinds of individual policies are also available. AFLAC is one well-known company. Their website is www.aflac.com.and their telephone number is 1-800-992-3522.

Hospital Indemnity Insurance

Hospital indemnity insurance is usually advertised in magazines or by mail, and offers limited coverage. It pays a pre-arranged amount for each day you are in hospital, up to a maximum number of days. You can use it for medical or other expenses. Usually, the amount you receive will be less than the cost of a hospital stay, perhaps $100 a day.

Many of these policies will pay the specified daily amount even if you have other health insurance. Some coordinate benefits, so that the money you receive does not equal more than the hospital bill.

Long Term Care Insurance

Long term care insurance covers some or all of the costs of nursing home care, which can be as much as several thousand dollars each month. Medicare and health insurance don't cover many long term care expenses, so you might want to look at some of the many long term plans available. They vary in costs and services covered, read them carefully. The older you are when you start paying into one of these plans, the more it will cost each month.

More detailed information about insurance plans can be found by contacting:

Health Insurance Association of America
1201 F Street NW, Suite 500
Washington, D.C. 20004-1204
202-824-1600

Seguro de Impedimento Físico

El seguro de impedimento físico es un tipo de seguro importante que ud debe considerar para personas que estan en edad para trabajar. Remplaza ingresos que usted pierde si tiene una enfermedad de largo tiempo u operación y no puede trabajar por un período de tiempo. El Seguro de impedimento físico no cubre el costo de rehabilitación si usted está operado, pero su seguro médico podría hacerlo, entonces vea si cubre eso.

Algunos empleadores ofrecen seguro colectivo (grupo) de impedimento físico como uno de los beneficios para sus empleados. Usted podría ser elegible para algunos programas apoyados por el gobierno que proveen beneficios de incapacidad. Llame a la Administración del Seguro Social al 1-800-772-1213 para mas información.

Muchos diferentes tipos de pólizas individuales están también disponibles. AFLAC es una compañía muy conocida. Su página Web es www.aflac.com. Y su número de teléfono es 1-800-992-3522.

Seguro de Indemnización de Hospital

La indemnización del seguro de hospital es usualmente anunciada en revistas o por correo electrónico, y ofrece cobertura limitada. Paga un monto que se ha pre-establecido por cada día que esté en el hospital, hasta un máximo número de días. Lo puede usar para gastos médicos y otros. Usualmente el monto que recibe será menos de lo que cuesta la estadía en el hospital, a lo mejor $100 por día.

Muchas de estas pólizas pagarán el monto diario establecido así tenga otro seguro de salud. Algunos coordinan beneficios, para que el dinero que reciba no iguale o sea mayor que la cuenta del hospital.

Seguro de Cuidado Médico por un Largo Término

El seguro de cuidado médico por un largo tiempo cubre algunos o todos los costos del ancianato, el cual puede ser tanto como muchos miles de dólares cada mes. Medicare y el seguro de salud no cubre muchos de los gastos del cuidado médico por un largo tiempo, por lo tanto debería buscar algunos de los tantos planes de cuidado médico que lo cubra. Ellos varían en costo y la cobertura de servicios, léalos cuidadosamente, mientras más viejo esté (mientras comience a pagar en unos de estos planes, el costo será mayor por cada mes).

Mas información detallada acerca de los planes de seguro puede ser encontrada contactando a:
Health Insurance Association of America (seguro de salud de la asociación Americana)
1201 F Street NW, Suite 500
Washington, D.C 20004-1204
202-824-1600

Choosing a Medical Treatment

It's very important to work closely with your doctor when medical treatment decisions have to be made. Make sure your doctor knows your questions, concerns and preferences. Ask your doctor any and all questions you have. If you understand and agree with your treatment plan, you are more likely to follow all the instructions and you'll probably get better results. When choosing a treatment, make sure you understand:

What your problem is, what you have to do about it and why it is important to do it.

You should also understand the costs, benefits and risks of each treatment and if there are any other options.

The first necessity in getting the right treatment is to tell your doctor everything that is happening:

Your symptoms; when they occur and when they started.

Are they getting better or worse and what makes them better or worse?

How are they affecting eating, sleeping, working or other activities?

Tell the doctor about all medicines and herbal remedies you take.

The first thing your doctor has to do is make a diagnosis. Doctors order blood tests, x-rays, MRIs and other tests to help diagnose medical problems. Perhaps you don't know why you need a particular test or you don't understand how it will help you. Here are some questions to ask:

How is the test done and what will the test tell us?

Will it hurt?

What are the benefits, risks and costs of having this test and how accurate is it?

What do I have to do before the test? (Some tests require not eating for several hours.)

How long before I get the results and how will I get them?

Never think that "no news is good news". If you don't hear from your doctor or lab when you expect to, call them. If your doctor or you think the test results might be wrong, have the test done again.

When your doctor has decided what your problem is, he or she will give you a diagnosis. Sometimes reaching a diagnosis can be difficult and can take a long time. Sometimes it is hard to find out exactly what is wrong with you. Ask your doctor to explain what you have and how it might affect you and your family. If the diagnosis is serious, ask:

What is my outlook for the future and what changes will I have to make in my daily life?

Is there a chance that someone else in my family might get the same condition? What can they do now to prevent it?

Will I need special help at home for my condition and what type of

Decidiendo por un Tratamiento Médico

Es muy importante trabajar muy de cerca con su doctor cuando se tiene que tomar una decisión de tratamiento médico. Asegúrese que su doctor sepa sus preguntas preocupaciones y preferencias. Pregúntele a su doctor todas las interrogantes que tenga, si usted entiende y está de acuerdo con su plan dc tratamiento, sería más probable que siguicra las instrucciones y seguramente obtendrá mejores resultados. Cuando esté decidiendo por un tratamiento médico, asegúrese que lo entienda:

Cual es su problema, que tiene que hacer acerca de esto y por que es importante hacerlo.

Usted también debería entender los costos, beneficios y riesgos de cada tratamiento y si hay algunas otras opciones.

Sus síntomas; cuando ocurrieron y cuando comenzaron.

¿Se están mejorando o empeorando y que hace cuando ellos mejoren o empeoren?

¿Cómo ellos le afectan comiendo, durmiendo, trabajando o en otras actividades?

Dígale a su doctor acerca de todas las medicinas y remedios herbales que usted toma.

La primera cosa que su doctor tiene que hacer es hacerle un diagnóstico. Los doctores ordenan exámenes de sangre, rayos-x, MRI y otros exámenes para ayudar al diagnóstico del problema médico. Por lo tanto usted no sabe porque necesita un exámen en particular o por que no entiende como lo ayudaría. Aquí están algunas preguntas que debe hacer:

¿Cómo se hacc cl cxámcn y que nos dirá el mismo?

¿Dolerá?

¿Cuáles son los beneficios, riesgos y costo por hacer este exámen y que tan preciso es?

Qué tengo que hacer después del exámen? (Algunos exámenes requieren que no coma por muchas horas.)

¿Cuánto tiempo debo esperar antes que obtenga los resultados y cómo los obtendré?

Nunca piense que "ninguna noticia es buena noticia". Si no es llamado por su doctor o laboratorio cuando usted lo espera, llámelos a ellos. Si usted o su doctor piensan que los resultados podrían estar errados, hágase los exámenes de nuevo.

Cuando su doctor haya decidido cual es su problema, él o ella le dará un diagnóstico. A veces para llegar a obtener un diagnóstico puede ser dificultoso y puede tomar un largo tiempo. Algunas veces es difícil encontrar exactamente que es lo que tiene. Pídale a su doctor que le explique lo que tiene y como esto podría afectar a usted y su familia. Si el diagnóstico es serio, pregunte:

¿Cómo se ve el futuro y que cambios debería hacer en mi vida diaria?

¿Hay algún chance que alguien más en mi familia podría obtener la help will I need?

Ask for written material you can take home. You can also ask if there are any support groups for people with your condition, preferably one in your own language if you don't speak English well.

If you think of more questions after you leave the doctor office, call and ask those questions. Repeat the answers and make sure you understand them.

Getting a Second Opinion

A "second opinion" is when a second doctor gives his or her ideas about your condition and treatment to help you decide whether surgery is right for you at this time. Your doctors shouldn't have any objection if you request a second opinion and your health plan might require one.

If your insurance doesn't require a second opinion, check to see if it will pay for it if you request it. You can ask your doctor or the health plan for help in finding a doctor to give you a second opinion.

Treatment Options

Once you know the problem, you and your doctor should look at your treatment options. Your doctor may recommend some of the following:

Behavior change (eating healthier, getting more exercise, quitting smoking or drinking).

Prescription medicine or "over-the-counter" medicines.

Surgery.

Rehabilitation (physical therapy).

Other treatments such as chiropractic, massage or acupuncture.

"Watchful waiting" while you and your doctor keep track of your symptoms and watch for any changes. If there are changes, other treatment would be considered at that time.

Not all treatments have been proven to work and there are often many choices. Ask about any books or brochures that can help you decide which treatment is best for you. Self-help groups, your library, patient organizations, such as the American Cancer Society and the American Diabetes Association, are good sources of information. Internet sites, such as www.Healthfinder.gov and www.Healthweb.gov are helpful, too.

All treatments have benefits and risks. Ask your doctor all the questions you can think of regarding a treatment. Also ask what would happen if you choose not to have any treatment.

misma condición? ¿Qué pueden ellos hacer ahora para prevenirlo?

¿Necesitaría una ayuda especial en la casa por mi condición y qué tipo de ayuda necesitaría?

Pida información escrita que pueda llevarse a la casa. También puede preguntar que si hay algún grupo de ayuda para personas con su misma condición, preferiblemente uno cn su propio lenguaje, esto es en caso que usted no hable bicn Inglés.

Si se acuerda de otras preguntas después que se vaya de la oficina del doctor, llame y haga esas preguntas. Repita las respuestas y asegúrese que las comprenda.

Obteniendo una Segunda Opinión

Una "Segunda Opinión" es cuando un segundo doctor da sus ideas acerca de su condición o tratamiento, para ayudarlo a decidir si una operación es lo más correcto para usted en ese momento. Sus doctores no deberían tener ninguna objeción si pide por una segunda opinión médica y su plan de salud también podría requerir una.

Si su seguro no requiere una segunda opinión, averigüe para ver si ellos pagan si usted la pide. Le puede pedir a su doctor o plan de salud que lo ayude a conseguir un doctor que le pueda dar una segunda opinión.

Opciones de Tratamiento

Una vez que sepa el problema, usted y su doctor deberían buscar sus opciones de tratamiento. Su doctor podría recomendar algunas de las siguientes:

Cambio de comportamiento (comiendo más saludable, haciendo más ejercicio, dejando de fumar o beber).

Prescripciones médicas o "medicinas sin prescripciones médicas".

Operación.

Rehabilitación (fisioterapia).

Otros tratamientos tales como quiropráctico, masaje o acupuntura.

"Esperando a ver" mientras usted y su doctor mantienen record de sus síntomas y miran por cualquier cambio. Si hay cambios, otros tratamientos serán considerados en ese momento.

No ha sido probado que todos los tratamientos funcionen y hay a veces muchas otras opciones. Pregunte por cualquier libro o boletín informativo que pueda ayudarlo a decidir cual es el mejor tratamiento para usted. Grupos de ayuda misma, bibliotecas, organizaciones de pacientes, tales como la sociedad de cáncer americana y la sociedad de diabetes americana, son buenos recursos de información. Las direcciones de Internet tales como www.healthfinder.gov y www.healthweb.gov también son de mucha ayuda.

Todos los tratamientos tienen beneficios y riesgos. Hágale a su doctor todas las preguntas que pueda pensar con respecto a su tratamiento. También pregunte que pasaría si decide no tener ningún tratamiento.

Medical Emergencies

Ambulance attendants and paramedics are highly trained in dealing with trauma and making immediate decisions that save lives. Many hospitals have trauma centers and they specialize in handling emergency situations and emergency surgery. In an emergency, the ambulance attendants start treatment immediately and they take you to the facility that can handle your illness or injury best. It might be a trauma center, a burn treatment center, a cardiac treatment center (for heart attacks), a children's hospital or a general hospital. If you are conscious, or if there is someone with you, they will ask for the name of your doctor. The doctor will be asked to go to the hospital that you are taken to.

If you have any specific condition (such as cancer or diabetes) or allergies to medications, it is important to have that information with you at all times. Many people wear a medical alert bracelet or keep a card in their wallet to tell the medical personnel about their condition in case they aren't able to tell them at that moment. Any information that can be given to the attending doctors may save valuable time and could save your life.

Always call 911 in an emergency situation involving breathing difficulties, chest pains, dizziness or if the person is unconscious.

If a child has swallowed or eaten something he or she shouldn't have, but isn't showing any symptoms, call your local Poison Control Center (in the white pages or the front pages of your telephone book). These substances might include medications, cleaning products or other products found around the home, or plants in the house or yard (many common plants are very dangerous). *Never* make the child vomit unless you are instructed to by a medical expert. If the child has swallowed something like drain cleaner, vomiting will do more harm by burning the throat a second time as the drain cleaner comes back up.

Remember that emergency care in the U.S. is very high quality and also *very expensive*. You will get bills for the ambulance, the emergency room, the doctors, any medications and any tests or special procedures involved. Your insurance will pay part of it if it was a real emergency. It is important never to hesitate when there is a genuine emergency, but don't go to the emergency room for non-emergency situations. Call your doctor or visit a clinic in those cases.

If you find anything that is incorrect, write me or answer on the survey page of the website: www.HowToLiveAndThrive.com. I'll send you a free gift for your help.

Emergencias Médicas

Los asistentes de ambulancias y paramédicos son altamente entrenados en las transacciones de trauma y toman decisiones inmediatas que salvan vidas. Muchos hospitales tienen centros de trauma y se especializan en procesar situaciones de emergencias y operaciones de emergencia. En una emergencia, los asistentes de la ambulancia comienzan el tratamiento inmediatamente y lo llevan a la facilidad que pueda encargarse mejor de su enfermedad o herida. Podría ser en un centro de trauma, un centro de tratamiento de quemaduras, un centro de tratamiento cardíaco (para ataques del corazón), un hospital de niños o un hospital general. Si está consciente, o si hay alguien con usted, ellos le preguntarán por el nombre de su doctor. Le pedirán al doctor que vaya al hospital donde lo llevaron.

Si usted tiene cualquier condición específica (tal como cáncer o diabetes) ó alergias a medicamentos, es importante que tenga la información con usted todo el tiempo. Muchas personas traen puesto un brazalete médico de alerta o mantienen una tarjeta en su cartera, la cual sirve de información al personal médico acerca de su condición médica en caso que ellos no sean capaces de decirles en ese momento. Cualquier información que se le pueda dar al doctor que lo está atendiendo puede ahorrar un tiempo valioso y puede salvar su vida.

Siempre llame al 911 en una situación de emergencia que envuelva dificultades respiratorias, dolores de pecho, mareos o si la persona está inconsciente.

Si un niño se ha tragado o comido algo que no debería y está mostrando cualquier síntoma llame al centro de control de veneno local (en las páginas amarilla o al comienzo de su guía telefónica) estas sustancias podrían incluir medicamentos, producto de limpieza u otros productos que puedan ser conseguidos alrededor de la casa, o plantas en la casa o en el jardín (muchas plantas comunes son muy peligrosas). *Nunca* haga que el niño vomite al menos que un médico experto se lo indique. Si el niño se ha tragado algo como destapador de tubería, vomitando hará mas daño quemando una segunda vez si el destapador de tubería sube de vuelta a la garganta.

Recuerde que el cuidado de emergencia en USA es de muy alta calidad y también *muy caro*, le llegarán cuentas de la ambulancia (bills), del cuarto de emergencia, de los doctores, cualquier medicamento y cualquier exámen o procedimientos especiales envueltos. Su seguro pagará parte de esto si era realmente una emergencia. Es importante que no dude cuando hay una emergencia genuina, pero no vaya a la sala de emergencias para situaciones que no lo son. Llame a su doctor o visite a la clínica en esos casos.

Si consigue algo que esta incorrecto, escríbame o responda la encuesta en la página Web: www.HowToLiveAndThrive.com. Le enviaré un regalo por su ayuda.

Dental Care

"Be true to your teeth or they will be false to you."

The American Dental Association recommends yearly check-ups and cleanings, and daily flossing and brushing. They help prevent cavities and more serious dental problems. Preventing problems is the best thing you can do.

Dental care includes the prevention and treatment of many health problems and diseases, and also can improve your appearance. Cosmetic dentistry (braces, capping, whitening) has become quite common.

Many people are afraid to go to a dentist because some dental procedures might be painful. Dentists know people might be afraid and try to provide almost pain-free dentistry. You can ask for a local anesthetic for many basic procedures. Some dentists take your mind off what is going on by giving you a choice of music to listen to with stereo headphones.

Some insurance plans cover dental visits and procedures; some don't. Those that do have dental coverage usually only cover medically required procedures and not cosmetic dentistry. Some procedures might fall in between these two categories of required and cosmetic and your dentist might be able to help with your insurance company. Many dental procedures are very expensive. Even if you do have dental coverage, it might cover only half of the cost, so try to work out a payment plan with your dentist. Most dentists take credit cards too.

Finding a Dentist

The American Dental Association (ADA) website has a dentist referral service for the entire U.S. They are at www.ada.org and you can get names of dentists in your area.

Ask friends and co-workers if they have a good dentist. It is a good idea to find a dentist before you need one. Appointments sometimes have to be made a few weeks in advance.

There are also clinics that provide dental care. These may be affiliated with dental colleges, county health departments or might be private businesses. Some take walk-in patients, but most require an appointment and some have a long time to wait unless you have an immediate problem. Some clinics have free service for people who can't pay, so ask them.

If you still can't find a dentist, the Yellow Pages will have a large listing of dentists and dental related services, including referral services. Any dentist working on your teeth should include DDS after his or her name, which means Doctor of Dental Science.

Cuidado Dental

"Sea verdadero con sus dientes o ellos serán falsos con usted."

La asociación dental americana les recomienda chequeos anuales, usar hilo dental y cepillarse diariamente. Ellos ayudan a prevenir caries y problemas dentales más serios. Evitando problemas es la mejor cosa que puede usted hacer.

El cuidado dental incluye prevención y tratamiento de muchos problemas y enfermedades y también puede mejorar su apariencia. Odontología cosmética (frenillos, rellenos, blanqueamiento) han llegado a ser muy comunes.

Mucha gente tiene miedo ir al dentista por que algunos procedimientos dentales podrían ser dolorosos. Los dentistas saben que las personas podrían tener miedo y ellos tratan de proveer odontología casi sin dolor. Puede pedir anestesia local para muchos procedimientos básicos. Algunos dentistas le quitan de la mente que es lo que va a pasar dándole a escoger música para escuchar con los audífonos del estéreo.

Algunos planes de seguro cubren visitas y procedimientos dentales; otros no. Usualmente esos que tiene cobertura dental solamente cubren procedimientos requeridos médicamente y no-odontología cosmética. Algunos procedimientos podrían caer entre estas dos categorías, requeridas y cosméticas, y su dentista sería capaz de ayudarlo con su compañía de seguros. Muchos procedimientos dentales son muy caros. Así usted tenga cobertura dental esto cubriría solamente la mitad del costo, entonces trate de hacer arreglos del plan de pagos con su dentista. Muchos odontólogos toman tarjetas de crédito también.

Encontrando a un Dentista

La asociación dental americana (ADA) tiene una dirección Web para referir a servicios de dentista para todo USA. Ellos están en el www.ada.org usted puede obtener nombre de dentistas en su área.

Pregúntele a un amigo o un compañero si ellos tienen un buen odontólogo. Es una buena idea encontrar un dentista antes que lo necesite. Las citas algunas veces tienen que hacerse pocas semanas por adelantado.

También hay clínicas que proveen cuidado dental. Estas pueden estar también afiliadas con los colegios de odontología del departamento de salud del condado o podrían ser negocios privados. Algunos toman pacientes sin cita, pero muchos requieren una cita y tienen un largo período de espera al menos que tenga un problema inmediato. Algunas clínicas tienen servicios gratis para personas que no pueden pagar por lo tanto pregúntele a ellos.

Si no puede encontrar un dentista, las páginas amarillas tendrán un listado grande de dentistas y servicios dentales relacionados, incluyendo servicios de referencia. Cualquier dentista que trabaje en sus dientes debería tener DDS después de su nombre, lo cual significa Doctor de Ciencia Dental.

Vision Care

Most of us require eyeglasses of some kind, sooner or later in our life. In general, vision problems are divided into two categories: near-sightedness and far-sightedness. Near-sighted means being able to clearly see the things that are near. Far-sighted means being able to clearly see things that are far away (printed words would be blurry).

Eye care in the U.S. can be anywhere from very basic to very specialized. An optometrist handles general eye care. Most people who think they need glasses visit an optometrist who is trained to exam eyes and prescribe lenses to correct the vision problem.

The optometrist will also test for some eye diseases, such as glaucoma, and can see if you have cataracts or other serious problems. If there is a problem, you'll be referred to an ophthalmologist, who is a medical doctor specializing in diseases of the eye.

An ophthalmologist can also examine eyes and prescribe lenses. If your vision has changed significantly in a short time or if you think you might have a problem, it is a good idea to see an ophthalmologist. Otherwise, go to an optometrist.

Since ophthalmologists are medical doctors, their fees are much higher than those of optometrists. Your medical insurance will often cover ophthalmologist visits, look in the plan directory for a doctor who is approved by them. Some insurance plans cover the prescription and purchase of contacts and eyeglasses, but most do not.

Good sources for the name of an optometrist include the Yellow Pages, family, friends and co-workers.

Glasses

When you get your prescription for corrective lenses, you take it to an optician to be filled. Many businesses have both optometrists and opticians, so the patients can do all the shopping at one location. Good examples of this are the eyewear chain stores like Lenscrafters or Pearle Vision and many large stores like Sears, JC Penney or Wal-Mart.

There are also small, local businesses that you can go to. You can take your eyeglass prescription to any of these places to be filled, you don't have to have a prescription from them to fill the prescription (buy glasses) with them.

The price of eyeglasses depends mostly on your choice of frames, which can be as high as several hundred dollars. Bifocals are more expensive than single vision lenses, and there are extra charges for tinting, especially for prescription sunglasses. Many of the larger eyeglass

Cuidado de la Visión

Muchos de nosotros requerimos algún tipo de lentes, tarde o temprano en nuestras vidas. En general, los problemas de visión están divididos en dos categorías: miopía y astigmatismo. Miopía significa poder ver claramente las cosas que están cerca. Astigmatismo significa poder ver las cosas que están lejos (las palabras imprimadas estarán borrosas).

El cuidado de los ojos en USA puede ser en cualquier lugar de muy básico a muy especializado. Un optometrista maneja generalmente el cuidado de los ojos. Muchas personas piensan que necesitan lentes visitan al optometrista, quien está entrenado a examinar los ojos y prescribe lentes para corregir la visión.

El optometrista también hará exámenes para algunas enfermedades de la vista, tales como glaucoma, puede ver si usted tiene cataratas u otros problemas serios. Si hay un problema, usted será referido a un oftalmólogo, quien es un médico especializado en enfermedades de los ojos.

Un oftalmólogo también puede examinar los ojos y prescribir lentes. Si su visión ha cambiado significantemente en un corto tiempo o si piensa que podría tener un problema, es una buena idea ver a un oftalmólogo. De otra manera, vaya a un optometrista.

Como los oftalmólogos son médicos especializados, sus tarifas son más altas que las de los optometristas. Su seguro médico a veces cubrirá las visitas al oftalmólogo, busque en el directorio de su plan médico a un doctor que sea aprobado por ellos. Algunos planes de seguro cubren la prescripción y la compra de lentes de contacto y lentes convencionales, pero muchos no.

Buenos recursos para buscar el nombre de un optometrista incluyen: las páginas amarillas, familia, amigos y compañeros de trabajo.

Lentes

Cuando obtenga su prescripción para lentes correctivos, llévesela a la óptica para que se los den. Muchos negocios tiene ambos optometristas y ópticas, entonces los pacientes pueden hacer todas las compras en un lugar. Buenos ejemplos de éstos son las tiendas de cadenas de lentes como lenscrafter o pearlevisión y muchas tiendas grandes como Sears, JC Penney o Wal-Mart.

También hay pequeños negocios locales donde usted puede ir. Usted puede llevar su prescripción de lentes a cualquiera de estos lugares para que se los den, usted no tiene que tener la prescripción de ellos para llenar la suya (comprarles a ellos los lentes).

El precio de los lentes depende más que todo con la montura que usted escoja, la cual su costo puede ser mayor a los cien dólares. Los lentes stores offer discounts and often fill your prescription the same day.

If you only need glasses for reading, you probably won't need a prescription. Most drugstores, discount stores and supermarkets carry nonprescription reading glasses. These are just magnifying glasses in a variety of strengths and they usually cost less than $10. You might find that a pair of these will give you all the help you need for awhile. If they don't help you, see an optometrist for an actual examination.

Contact Lenses

If you prefer to wear contact lenses, the examination is the same as for eyeglasses and the size and shape of your eye will be also measured. Today, most people wear throwaway lenses, for daily or extended wear. The prescription for these is usually filled at your optometrist's office, but there also are discount businesses that provide this service. Look in your Yellow Pages or on the Internet.

Driver License Eye Exams

All driver licenses issued in the U.S. require that applicants pass a short eye examination when they apply for the license. This is sometimes the first time people discover they need glasses. If your vision is not good enough to pass this exam, you will have to get an optometrist to prescribe glasses and you will have to wear them every time you drive. This requirement will be printed on your license.

If you have a story about how this book has helped you, write me or answer on the survey page of the website: www.HowToLiveAndThrive.com. I'll send you a free gift for your stories.

118

bifocales son más caros que unos lentes de visión simple, y hay cargas extras por oscurecérselos, especialmente a los lentes de sol con prescripción. Muchas de las tiendas grandes de lentes ofrecen descuento y a menudo trabajan en su prescripción el mismo día.

Si usted necesita lentes para leer probablemente no necesitará una prescripción. Muchas farmacias, tiendas de descuento y supermercados tienen lentes de lectura sin prescripción, éstos son solamente para lentes de aumento en una variedad de potencia y ellos usualmente cuestan menos de diez dólares. Usted podría encontrar que un par de éstos le dará todo la ayuda que usted necesite por un tiempo. Si éstos no lo ayudan vea a un optometrista para un exámen.

Lentes de Contacto

Si usted prefiere usar lentes de contacto, el exámen es el mismo que el de los lentes convencionales y la talla y la forma de su ojo también será medido. Hoy, muchas personas usan lentes de contacto desechables para uso diario o uso extendido. La prescripción para éstos es usualmente llenada en la oficina del optometrista, pero también hay negocios de descuento que proveen este servicio. Busque en sus páginas amarillas o en el Internet.

Exámenes de los Ojos para la Licencia de Manejo

Todas las licencias de manejo dadas en USA requieren que los solicitantes pasen un corto exámen de ojos cuando ellos solicitan la licencia. Esto es a veces, la primera vez que la gente descubre que necesita lentes. Si su visión no es suficientemente buena para pasar este exámen, usted tendría que ir a un optometrista para que le prescriba los lentes y tendría que ponérselos cada vez que maneje. Este requerimiento será impreso en su licencia.

Si tiene alguna anécdota con relación a como le ha ayudado este libro, escríbame o responda la encuesta en la página Web: www.HowToLiveAndThrive.com. Le enviaré un regalo por su anécdota.

Shots or Inoculations

Preventive medicine is an extremely important part of medical care in the United States. Besides regular visits to doctors and dentists, inoculations are important and sometimes required.

Children

All children are required by law to have certain shots before they start school and others during their school years. These shots, which are given at specific intervals, can be given at the doctor's office during well-child visits. Some of the inoculations children receive are the triple combo (diphtheria, tetanus, whooping cough), polio, measles, mumps, rubella and others your doctor will tell you about.

Most insurance plans cover these shots. Many state health departments offer them free or at very low cost. Look in the state government section of your telephone book.

Flu Shots

Another important inoculation available at very low cost is for flu (influenza). This shot is good for anyone, but especially for older people or those who are in poor health. Flu shots are available in the fall at a variety of places, sponsored by various health organizations, and also from your own doctor. Sometimes the local drug stores or grocery stores sponsor clinics for flu shots. If you want the protection of a flu shot, it is important to get a new shot every year. The types of flu change from year to year, and the medicine in the shots is reformulated each year.

Tetanus Shots

Sometimes, an accident will require that you get a tetanus booster shot. You would need this after getting a deep puncture wound or an injury that breaks the skin. Tetanus is caused by a bacterium found in dirt and on plants. You can get this shot at your doctor's office or a clinic. If you were taken to the emergency room for an injury and need a tetanus shot, they will give it to you there. Health authorities recommend a tetanus booster shot every 10 years.

Other Shots

If you are exposed to a highly contagious disease, such as hepatitis, an inoculation might be required. These shots are usually given by your doctor or you can get them at most walk-in clinics.

Vacunas o Inmunizaciones

La medicina preventiva es una parte extremadamente importante del cuidado médico en los Estados Unidos. Además de las visitas regulares a los doctores y dentistas, las vacunas son importantes y requeridas.

Niños

A todos los niños le requieren por ley que tengan vacunas antes que comiencen la escuela y otras durante sus años en la misma. Estas vacunas, las cuales son aplicadas en intervalos específicos pueden ser dadas en el consultorio del doctor durante su control médico, algunas de las inmunizaciones que reciben los niños son un combo triple (difteria, tétano, tos ferina), Polio, sarampión, paperas, rubéola y otros que su doctor le dirá.

Muchos planes de seguros cubren estas vacunas. Muchos departamentos de salud del estado las ofrecen gratis o a un costo muy bajo. Mire en la sección gubernamental del estado en su guía telefónica.

Vacunas de Influenza (Gripa)

Otras inmunizaciones importantes disponibles a un costo muy bajo son para la gripa (influenza). Esta vacuna es buena para cualquiera, pero especialmente para personas mayores (ancianos) o esas que tengan mala salud. Vacunas de gripa están disponibles en el otoño en varios lugares, pagado por varias organizaciones de salud y también por su propio doctor. A veces las farmacias y supermercados pagan a las clínicas por las vacunas de gripa. Si usted quiere la protección de una vacuna de gripa, es importante que obtenga una nueva cada año. Los tipos de gripa cambian de año en año, y la medicina de las vacunas es reformulada cada año.

Vacunas de Tétano

Algunas veces, un accidente requerirá que usted obtenga una vacuna de tétano. Usted necesitaría de ésta después de tener una cortada profunda o una herida que rompa la piel. El tétano es causado por una bacteria encontrada en la tierra y en las plantas. Usted puede obtener esta vacuna en el consultorio del doctor o en una clínica. Si usted fuese llevado a la sala de emergencia por una herida y necesita una vacuna de tétanos, ellos se la darán. Las autoridades de salud recomiendan una vacuna de tétanos cada diez años.

Otras Vacunas

Si usted está expuesto a enfermedades altamente contagiosas, tales como hepatitis una vacuna debe ser requerida. Estas usualmente son suministradas por su doctor o puede obtenerlas en casi todas las clínicas.

After an Animal Bite

Wild animals (like raccoons, foxes, opossums, squirrels, mice, rats) can carry rabies. This is a very serious disease that is often fatal to humans who have been bitten by the animal. Your pet cats and dogs that have had contact with these animals and have not had a recent rabies shot can also be carriers of rabies.

If an animal that you don't know bites you, you must contact Animal Control immediately. This is usually a branch of the police or sheriff's department and you can find it in the local or county government section of your telephone book. They will try to catch the animal and test it for rabies. If they don't catch the animal (or if they do catch it and the animal is infected), you must have a series of shots to prevent getting the disease yourself.

If it is a bad bite and the victim is seriously injured, call 911, since it would be a medical emergency in this case.

If you have a dog or cat that has not been vaccinated against rabies, look in the Yellow Pages for a veterinarian. Most county governments require that all your dogs and cats are vaccinated against rabies. You could be fined if the animal is picked up and doesn't have its rabies shots. You will also have to have a license for dogs in most cities. Call the Animal Control officer for this license too.

I plan to make calendars, cassette tapes, CDs, T-shirts, coffee mugs and maybe a board game of this book. If you have any other ideas, write me or answer on the survey page of the website: www.HowToLiveAndThrive.com. I'll send you a free gift for your ideas.

Después de una Mordida de Animal

Animales salvajes (como mapaches, zorros, zarigüeyas, ardilla, ratones y ratas) pueden portar rabia. Esta es una enfermedad muy seria que a menudo es fatal para los humanos quienes han sido mordidos por el animal. Sus mascotas como gatos y perros que hayan tenido contacto con estos animales y no hayan tenido una vacuna reciente contra la rabia también pueden ser portadores de la rabia.

Si un animal que usted no conoce lo muerde, debe contactar inmediatamente al departamento de control de animal (animal control). Este es usualmente una dependencia del departamento de policía o sheriff y puede encontrarla en la sección del gobierno local o del condado de su guía telefónica. Ellos tratarán de atrapar al animal y examinarlo para detectar la rabia. Si ellos no atrapan al animal (o si ellos lo atrapan y el animal está infectado), usted debe aplicarse una serie de vacunas para prevenir que la enfermedad se le contagie.

Si ésta es una mala mordida y la víctima está seriamente herida, llame al 911, mientras ésta sea una emergencia médica en este caso.

Si usted tiene un perro o un gato que no ha sido vacunado contra la rabia, busque a un veterinario en las páginas amarillas la mayoría de los gobiernos de los condados requieren que todos sus perros o gatos sean vacunados contra la rabia. Usted pudiera ser multado si el animal es capturado y no tiene las vacunas contra la rabia. Usted también tiene que tener una licencia para perros en la mayoría de las ciudades. Llame también al oficial de control de animales para esta licencia.

Tengo planes de hacer calendarios, cassettes, CDs, franelas o playeras, tazas de café y quizás un juego de mesa sobre este libro. Si tiene algunas otras ideas, escríbame o responda la encuesta en la página Web: www.HowToLiveAndThrive.com. Le enviaré un regalo por sus ideas.

Free Clinics and Services

Large cities and many smaller ones have free medical clinics for people without health insurance or the money to pay for a doctor. They specialize in preventive medicine, well-child care and minor illnesses and injuries. These clinics usually have immunizations for children, some prenatal care and give physicals for school or work.

To find a clinic, look in your Yellow Pages under "Medical Clinics", but it might be difficult to find the listings. You might have to call the Social Services Department in your city or county government section. You might find some listed in the Yellow Pages under "Social Services Organizations" or "Human Services Organizations". Ask the people at your church or children's school or the Salvation Army. *Do not call 911 to ask them.*

Once you find the clinic, call to ask if they take appointments. They usually only take people as they walk in, so be prepared to wait your turn and try to get there early. Find the clinic before you actually need it.

There are also many other services available through your county Department of Social Services (DSS). They usually have programs covering: mental health, alcohol and substance abuse, family planning, adoption services, aid for disabled children and adults, meals for elderly and disabled residents, senior citizen centers, transportation for elderly and disabled, day care for low income working parents, help for teen parents, financial help for people in crisis, child support collections, food stamps, child and spousal abuse shelters and many other programs.

These programs are for all residents who are in need of special assistance. Look in the white pages of your telephone book, under the name of your county and then find "Department of Social Services". There will probably be a list of offices under that heading. If you are not sure what is available or what is covered in the individual programs, call the main number and ask them what services they have. If you have access to a computer, most counties have a web site: these sites would list the services that are available, too.

Clínicas y Servicios Gratuitos

Las ciudades grandes y muchas de las pequeñas tienen clínicas médicas gratuitas para personas sin seguro de salud o sin dinero para pagar un doctor. Ellos se especializan en medicina preventiva, atención médica infantil, enfermedades e intervenciones menores. Estas clínicas usualmente tienen inmunizaciones para niños, algunos cuidados prenatal y exámenes generales para la escuela o trabajo.

Para encontrar una clínica, busque en las páginas amarillas bajo el nombre de "Medical Clinics" ("Clínicas Médicas"), pero pudiera ser difícil encontrar el listado. Usted tendría que llamar al Departamento de Servicios Sociales en la sección de gobierno en su ciudad o condado. Usted pudiera encontrar algunos en el listado de las páginas amarillas bajo "Social Services Organizations" u "Human Services Organizations" ("Organizaciones de Servicios Sociales u Organizaciones de Servicios Humanitarios"). Pregúntele a la gente en su iglesia o en la escuela de su hijo o en el Salvation Army. *No llame al 911 para preguntar sobre estos.*

Una vez que consiga la clínica, llame para preguntar si ellos toman citas. Ellos usualmente solo reciben a personas que asisten sin cita así que prepárese para esperar su turno y trate de estar allí temprano. Consiga la clínica antes de necesitarla.

También hay muchos servicios disponibles a través del departamento de Servicio Social de su condado (DSS). Ellos usualmente tienen programas con cobertura de: salud mental, abuso del alcohol y de sustancias, planificación familiar, servicios de adopción, ayuda para niños y adultos incapacitados, comida para ancianos y residentes incapacitados, centros de ciudadanos ancianos, transporte para ancianos y discapacitados, centros de cuidado de niños para padres con bajos ingresos en su trabajo, ayuda para padres jóvenes, ayuda financiera para la gente en crisis, colectas para manutención de niños, cupones de comida, refugios para niños y esposas maltratadas y muchos otros programas.

Estos programas son para todos los residentes quienes están necesitados de una asistencia especial. Busque en las páginas blancas de su guía telefónica, bajo el nombre de su condado y entonces encuentre "Department of Social Services". Probablemente estará un listado de oficinas con ese encabezado. Si no está seguro cual está disponible o cual está cubierto en los programas individuales, llame al número principal y pregúnteles que servicios tienen. Si tiene acceso a una computadora, la mayoría de los condados tiene una página Web: estos sitios también le indicarían los listados de los servicios que están disponibles.

Medications

Any substance that can be considered a medication is controlled by the Food and Drug Administration (FDA). Pharmaceutical companies that manufacture these drugs go through strict testing and trial periods for each product they sell. Some medicines that are sold in other countries haven't received FDA approval so you won't be able to buy them here or you might need a doctor's prescription for them. Many drugs available in the U.S. require a doctor's prescription.

You may see different drugs on U.S. shelves than you saw in your country. Ask your doctor or pharmacist, they might know if they are actually the same drug with different names.

Prescription and Over-the-Counter

The FDA decides whether medications will be prescription or nonprescription. Prescription (Rx) means medicines that can be bought only with a doctor's order. Nonprescription drugs are also called over-the-counter drugs (OTC) and the FDA has decided they are safe to use without a doctor's prescription.

Over-the-counter medications can be found in drugstores, supermarkets and discount stores like Wal-Mart or Kmart. These could include analgesics (painkillers), such as aspirin, acetaminophen (Tylenol), ibuprofen (Motrin), naproxen sodium (Aleve); digestive aids, antacids and laxatives; and some mild sleeping aids. You'll also find medicines for colds, flu and similar viral infections and allergies, which are usually combinations of analgesics, antihistamines and decongestants.

Stronger pain relievers, antibiotics, tranquilizers and antidepressants require a doctor's prescription.

When your doctor has given you a prescription, you take it to your pharmacy to buy the medication. Sometimes, the FDA will change a medication's status and medication that needed a prescription before might be available for over-the-counter sales now.

Brand Name and Generic

When getting FDA approval, pharmaceutical companies get a patent for every new drug they make. For a certain number of years the company with the patent is the only one that can make or sell it. They are sold to the public under a brand name and are often quite expensive.

After the patent for a drug expires, any company can manufacture it under FDA approved guidelines, so it has the same chemical ingredients as the original. These non brand name drugs are called generic drugs and are always less expensive than the brand name.

Both prescription and over-the-counter drugs are sold as generic and

Medicamentos

Cualquier sustancia que pueda ser considerada un medicamento es controlada por la administración de comidas y drogas (FDA). Las compañías farmacéuticas que elaboran estas drogas pasan por un chequeo estricto de los períodos de procesamiento de cada producto que ellos venden. Algunas medicinas que son vendidas en otros países y que no se les haya recibido la aprobación del (FDA) no podrá comprarlas o necesitaría una prescripción médica para éstas. Muchas drogas disponibles en los Estados Unidos requieren de prescripción médica.

Usted podrá ver diferentes drogas en los estantes de los Estados Unidos de las que vió en su país. Pregúntele a su doctor o farmacéutico, ellos pueden saber si tienen actualmente la misma medicina con diferentes nombres.

Prescripciones y Sin Prescripción

El FDA decide cuales medicamentos serán con prescripción y sin prescripción. Prescripción (Rx) significa medicinas que solo pueden ser compradas con una orden del doctor. Las drogas sin prescripción también son llamadas de estantería (over the counter drugs) y el FDA ha decidido que éstas son seguras de usar sin una prescripción médica.

Los medicamentos de mostrador pueden encontrarse en farmacias, supermercados y tiendas de descuento como Wal-Mart o Kmart. Estas incluyen analgésicos (calmantes del dolor), como las aspirinas, acetominofen (Tylenol), y ibuprofen (Motrin), naproxen de sodio (Aleve); tratamientos digestivos, antiacidos y laxantes; y ayuda para dormir no muy fuerte. Encontrara medicinas para resfriados, influenza y similares infecciones y alergias, las cuales son usualmente combinaciones de analgésicos, antihistamínico y descongestionantes.

Aliviantes de dolores muy fuertes, antibióticos, tranquilizantes y antidepresivo requieren prescripciones medicas.

Cuando su doctor le haya dado una prescripción, usted la lleva a la farmacia para comprar el medicamento. Algunas veces el FDA (Food and Drug Administration) que significa en Español (Administración de Comida y Drogas) cambia el estado y medicamento que necesitaba prescripción antes, ahora podría estar disponible para venderlo sin prescripción.

Nombre de Marca y Genéricos

Cuando las compañías farmacéuticas reciben aprobación del FDA (Federal Drug Administration), que significa (Administración Federal de Drogas), obtienen una patente por cada droga nueva que ellos hacen. La compañía que tiene la patente es la única que puede hacerla o venderla por ciertos números de años. Estas son vendidas al público bajo un nombre de marca y a menudo son muy caras.

Después que la patente de la droga se vence, cualquier compañía puede manufacturarla bajo la aprobación y procedimiento del FDA, por lo tanto esta tiene los mismos ingredientes químicos de la original. Estas drogas sin nombre brand names. When your doctor is prescribing a medication, you can ask if there is a generic equivalent available. If you want to have the prescription filled generically, you should tell the pharmacist, it will be cheaper. Some insurance plans that cover prescription drugs will only pay for generic drugs unless the physician says that the brand name drug is required.

The Pharmacist

A pharmacist has gone through years of training and is licensed by law to fill prescriptions for medications. He or she is a valuable resource when looking for medications and information. The pharmacist can tell you the side effects of a drug and if it can be taken in combination with other drugs or other things like juice or alcohol. He can also give you advice or recommend over-the-counter medications for your problem.

The area where the pharmacist fills prescriptions is called a pharmacy and you'll find them in drugstores, many discount stores and supermarkets. If you have a prescription filled at one pharmacy and want the prescription switched to another pharmacy when it is filled again, the pharmacist can do that for you.

Natural or Herbal Medicines

Natural medicines are made from botanicals like herbs or roots. While many of them are good, they have not had the FDA testing required for standard medications. They are usually found in health food stores, drugstores and most stores that carry vitamins. Some have become so common that many big drug companies are now selling them under their company names.

Many doctors don't approve of natural remedies: a patient might avoid the doctor's recommendation in favor of an untested, possibly dangerous one. Because there is no regulation on these products, one bottle of pills may not be the same as the next.

Homeopathic practitioners are available for patients interested in trying a natural approach to health care. They are sometimes medical doctors, but usually aren't. They would be in the Yellow Pages in the "H" section (under "Homeopath").

Tamper Proof Packaging

Makers of over-the-counter (OTC) medicines seal most products in tamper resistant packaging to help protect against someone opening it and possibly putting something else in the package. This packaging provides visible evidence if the package has been opened in the store before you buy it. OTC packaging cannot be 100 percent tamper proof. There are de marca son llamadas genéricas y son siempre menos costosas que las de marca.

Ambos tipos de drogas, las de prescripción y las de mostrador, son vendidos tanto en su presentación genérica como en su presentación de marca. Cuando su doctor le esté prescribiendo un medicamento, pregúntele si hay un genérico equivalente disponible. Si usted quiere que le llenen la prescripción médica genéricamente, debería decirle al farmacéutico, será mas barato. Algunos planes de seguro que cubren medicinas solamente pagan por las genéricas al menos que el médico diga que sea necesaria la medicina de marca.

El Farmacéutico

Un farmacéutico ha pasado por años de entrenamiento y está certificado por la Ley para llenar prescripciones médicas. El o ella son un recurso muy valioso cuando está buscando por medicamentos e información. El farmacéutico puede advertirle de los problemas secundarios de una droga y si se puede tomar en combinación con otras drogas u otras cosas como jugo o licor. El también le puede aconsejar o recomendar medicamentos para su problema sin prescripciones.

El área donde el farmacéutico llena las prescripciones se llama farmacia y la encontrará dentro de la tienda de medicinas "drugstores", muchas tiendas de descuento y supermercado. Si usted llenó una prescripción en una farmacia y luego quiere cambiar a otra cuando la tenga que llenar otra vez, el farmacéutico puede hacer esto por usted.

Medicinas Naturales y Herbales

Las medicinas naturales están hechas de hierbas y raíces botánicas, mientras muchas de ellas son buenas, estas no han obtenido los exámenes de la FDA requeridos para los medicamentos estándar.

Estas son encontradas en las tiendas naturistas, tiendas de drogas "drugstore" y muchas de las tiendas que venden vitaminas. Algunas han llegado a ser tan comunes que muchas industrias de medicinas ahora las están vendiendo bajo el nombre de sus compañías.

Muchos doctores no aprueban remedios naturistas: Un paciente puede evadir las recomendaciones del doctor a favor de una que no halla sido aprobada, la posiblemente peligrosa. Como no hay regulaciones en estos productos un frasco de píldoras no pudiera ser el mismo que el próximo.

Los homeópatas están disponibles para los pacientes interesados en probar un acercamiento natural de cuidado de salud. Algunas veces ellos son médicos, pero usualmente no lo son. Ellos estarán en las páginas amarillas en la sección de la "H" ("Homeopath").

Envase a Prueba de Alteración

Los que hacen las medicinas sin prescripción conocidas en Inglés como OTC (over-the-counter) empacan sus productos en envases resistentes a prueba de alteración para protegerlos de que alguien los abra y posiblemente pongan alguna otra cosa en el envase. Este envase provee evidencia visible si ha sido abierto en la tienda antes de ser comprado. Los envases de OTC no things you can do to help protect yourself:

Read the tamper proof features that are described on the label and look at the outer packaging while you are still in the store. Don't buy it if the packaging is damaged: turn it in to the pharmacist or an employee of the store, don't put it back on the shelf.

When you get home, look at the medicine inside and don't use any medicine that's discolored or looks strange in any way.

If anything looks suspicious, contact the store where you bought the product. Take it back right away (with your receipt).

Child Proof Packaging

Child resistant caps are designed to make it difficult for children to open the container. But remember, if you don't re-lock the cap after each use, the child proof cap won't keep the children out!

It's best to store all medicines, including vitamins, where children can't see or reach them. Bottles of pills should not be left on the kitchen counter as a reminder to take them. Briefcases and purses are almost the worst places to hide drugs from curious kids, they love looking in purses. It's not a good idea to take medicine while your small children watch you either. They might "play house" with your medicine later.

Iron is the leading cause of accidental fatal poisonings in children under the age of three. Be very careful with supplements containing iron.

If you don't have young children living or visiting with you and the bottles are too hard for you to open, ask the pharmacist if they are available without child-resistant caps. They usually are available.

Minimize the Risks

No medicine, whether prescription or OTC, is without risk. Medicines may cause side effects, allergic reactions and interactions with foods, drinks or other drugs. Ask your doctor or pharmacist questions with every new prescription you get:

What is this medicine supposed to do? Be sure the doctor or pharmacist knows other prescriptions you take.

How, when and how long do I take it? What if I miss a dose?

Should I avoid certain foods, or caffeine, alcohol, other OTC medicines, prescriptions, driving or smoking, when I'm taking this medicine?

What are the side effects, and will it affect my sleep or work?

Written information is always available from the pharmacist if the doctor doesn't give it to you. Ask the doctor or pharmacist to write out complicated directions and medicine names. It's possible there is printed material in your language available too.

pueden ser 100% a prueba de alteración. Hay algunas cosas que usted puede hacer para ayudar a protegerse:

Lea la descripción a prueba de alteración en la etiqueta y vea por fuera el envase mientras esté en la tienda. No lo compre si el envase está dañado: déselo al farmacéutico o a un empleado de la tienda, no lo ponga de vuelta en el estante.

Cuando llegue a la casa, vea el medicamento dentro del envase y no lo use si está decolorado o se ve de una manera extraña.

Si cualquier cosa se ve sospechosa, contacte al lugar donde compró el producto. Regrésalo de inmediato (con su recibo).

Envases a Prueba de Niños

Las tapas a prueba de niños están diseñadas para que se le haga a los niños difíciles de abrirlas. ¡Pero recuerde, si no las vuelve a cerrar después de cada uso, las tapas a prueba de niños no ayudaran en su objetivo de evitar que los niños las abran!

Es mejor que mantenga todas las medicinas, incluyendo las vitaminas, donde los niños no puedan alcanzarlas. Botellas de pastillas no deberían ser dejadas en el mostrador de la cocina para que usted recuerde de tomarlas. Maletines y carteras son las peores partes para esconder drogas de un niño curioso, ellos le gusta mirar en las carteras. Tampoco es buena idea tomar medicinas mientras sus niños pequeños lo estén mirando. Ellos mas tarde podrían "jugar casa" con su medicina.

Hierro es la causa principal de accidentes fatales y envenenamiento en niños menores de tres años. Tenga cuidado con los suplementos vitamínicos que contengan hierro.

Si no tiene niños pequeños viviendo con usted o visitándolo y las botellas son muy difíciles para que usted las abra, pídale al farmacéutico botellas sin tapas a prueba de niños. Estas usualmente están disponibles.

¿Cómo Puede Disminuir el Riesgo?

Ninguna medicina, ya sea con prescripción o sin prescripción, no esta libre de riesgos. Las medicinas pueden causar efectos secundarios, reacciones alérgicas e interacción con alimentos, bebidas u otras drogas. Hágale preguntas a su doctor o farmacéutico con cada prescripción nueva que obtenga:

¿Qué hace supuestamente la medicina? Asegúrese de que su doctor o farmacéutico sepa de otras prescripciones que usted tome.

¿Cómo, Cuándo, y por cuánto tiempo las toma? ¿Qué pasaría si no toma la dosis?

¿Debería evitar ciertas comidas, cafeína, alcohol u otras medicinas sin prescripción y prescritas, manejando o fumando, cuándo este tomando esta medicina?

¿Cuáles son los efectos secundarios, me afectará para dormir o trabajar?

Información escrita siempre esta disponible en la farmacia en caso que el doctor no se la de. Pídale al doctor o farmacéutico que le escriba instrucciones y nombres de medicinas complicadas. También hay posibilidad que haya material impreso disponible en su lenguaje.

Drug Interactions

Some interactions involving OTC drugs can produce unwanted results or make them less effective. It's very important to know about any possible drug interactions if you're taking prescription and OTC drugs at the same time. *Ask your doctor or pharmacist about interactions.*

Some drugs interact with foods and milk, juice or alcohol, others with certain medical conditions like diabetes, kidney disease and high blood pressure.

These are a few of the most common drug interactions for some OTC medications:

Avoid alcohol if you are taking antihistamines, cough and cold products with dextromethorphan or sleeping aids.

Don't use sleeping pills if you take prescription sedatives or tranquilizers.

Check with your doctor before taking products containing aspirin if you're taking a prescription blood thinner or if you have diabetes or gout.

Don't use laxatives when you have stomach pain, nausea or vomiting.

Unless your doctor tells you to, don't use a nasal decongestant if you are taking a prescription drug for high blood pressure or depression, or if you have heart or thyroid disease, diabetes or prostate problems.

Always Read the Label!

Labels change when new studies are done and new information is published. It is extremely important to read the label every time you take medicine.

Never take medicines in the dark. As sure as you are that it is the correct bottle, accidents and mistakes do happen.

Besides the name of the product, the label will tell what the medicine is for and will give directions for using it. Read the label and read the warnings for possible risks and side effects. If you read the label and still have questions, ask the pharmacist or your doctor.

With medicines, more does not usually mean better. Never take OTC medicines for longer times or in higher doses than the label recommends. Symptoms that persist mean it's time to see a doctor.

Medications and Children

OTC drugs come in special sizes for children. Read the label and follow all directions very carefully. Here are a few tips for giving OTC medicines to children:

Children aren't just small size adults. Never give medicine to children unless it is recommended for them on the label or by a doctor. Medicines for adults often do just the opposite when taken by children.

Interacciones de Drogas

Algunas interacciones envueltas en el uso de medicinas sin prescripciones pueden producir resultados indeseables o pueden hacerlos menos efectivos. Es muy importante saber acerca de cualquier interacción de drogas si usted las esta tomando con y sin prescripción al mismo tiempo. *Pregúntele a su doctor y farmacéutico acerca de interacciones.*

Algunas drogas interactúan con alimentos, leche, jugo o alcohol, otros con ciertas condiciones medicas con diabetes, enfermedad de los riñones y presión alta.

Estas son algunas de las interacciones de drogas más comunes de las medicinas sin prescripción:

Evite el alcohol si esta tomando antihistamínicos, productos para la tos y de la gripe con Dextrometofan o auxiliar para dormir.

No use pastillas para dormir si usted esta tomando sedativos o tranquilizantes prescritos.

Consulte con su doctor antes de tomar productos que contenga aspirina si usted esta tomando medicamentos para diluir la sangre o si tiene diabetes o la gota.

No use laxantes cuando tenga dolor de estomago, nausea o vomito.

Al menos que su doctor le diga, no use descongestionantes nasal, si esta tomando prescripciones para la presión alta o depresión, si usted tiene enfermedades del corazón o de la tiroides, problemas de diabetes o próstata.

¡Siempre Debe Leer la Etiqueta!

Etiquetas cambian cuando se hacen nuevos estudios y nueva información es publicada. Es extremadamente importante leer la etiqueta cada vez que usted tome medicinas.

Nunca tome medicinas en lo oscuro. Asegúrese que es la botella correcta, accidentes y errores ocurren.

Aparte del nombre del producto, la etiqueta le dirá la función de la medicina y le dará instrucciones de cómo administrarla. Lea la etiqueta y les las advertencias de posibles riesgos y efectos secundarios. Si usted lee la etiqueta y todavía tiene preguntas, pregúntele al farmacéutico y a su doctor.

En lo que se refiere a medicinas, mas generalmente, no significa que es mejor. Nunca tome medicinas sin prescripciones por mas tiempo o en dosis más altas de lo que recomienda la etiqueta. Los síntomas que persisten significan que es hora de ir a ver a un doctor.

Medicamentos y Niños

Medicinas sin prescripción vienen en un tamaño especial para niños. Lea las etiquetas y siga las instrucciones muy cuidadosamente. Aquí están algunos consejos para que administre medicinas sin prescripciones a los niños:

Niños no son solamente adultos de tamaño pequeño. Nunca les dé medicinas a niños al menos que sea recomendada para ellos en la etiqueta o por el doctor. Medicinas para adultos a menudo hacen lo opuesto cuando son tomadas por niños.

You should never guess at the dose based on the child's size or age.

Be sure you know the difference between TBSP (tablespoon) and TSP (teaspoon). They are very different doses, the wrong one could harm or kill the child.

Infant medications have different doses than children's doses, too. Infant doses are measured in drops because they are very concentrated mixtures, if you were to give children a spoonful of an infant medication, it could seriously harm or kill them.

Be very careful about dose instructions. If the label says two teaspoons, use a measuring spoon or a dosing cup marked in teaspoons, not a common kitchen spoon. It won't be accurate.

Never guess when converting measuring units – like from teaspoons or tablespoons to ounces. You can telephone the pharmacy and ask the pharmacist. If it is late and you can't get your pharmacist on the telephone, call any drugstore that is open and ask that pharmacist to tell you how to convert the measurements. *Don't guess.*

Read the label each time, don't try to remember the dose used last time and don't give your child more just because he seems sicker than last time.

Ask the doctor or pharmacist about giving a child more than one medicine at a time. Be sure to follow any age and size limits. Children's bodies react differently than adults', so follow the instructions carefully.

Never let children take medicine by themselves and don't call medicine "candy" or "treats" to get your kids to take it. If they find the medicine when you are not there, they might remember that you called it candy and eat it like candy.

Check with your doctor before giving any child aspirin products. Never give aspirin to a child or teenager who has chickenpox, flu or flu symptoms like nausea, vomiting or fever. Aspirin has been associated with an increased risk of Reye's syndrome. It is a rare but very serious, and sometimes fatal, illness for children who were given aspirin when they had these other symptoms.

Pregnancy and Nursing

If you're pregnant, always talk with your doctor before taking any drugs, either prescription or nonprescription. Drugs can pass from a pregnant woman to her unborn baby. A safe amount of medicine for the mother may be too much for the unborn baby.

Also ask your doctor before taking any medicine while breast-feeding. A doctor can tell you how to adjust the timing and dose of most medicines so the baby receives the lowest amount possible or if the drugs should be avoided altogether.

Nunca debería adivinar la dosis basándose en el tamaño o la edad del niño.

Asegúrese que sepa la diferencia entre una cucharada (que por sus siglas en Inglés TBSP significa tablespoon) y una cucharadita (que por sus siglas en Inglés TSP significa teaspoon). Hay muchas dosis diferentes, la dosis equivocada podría ser dañina o matar al niño.

También los medicamentos para infantes tienen diferentes dosis que la dosis de los niños. Las dosis infantiles están medidas en gotas porque son una mezcla mas concentrada, Si usted le fuera a dar a un niño una cucharada del medicamento de un infante, podría ser dañina o matar al niño.

Tenga cuidado acerca de las instrucciones de las dosis. Si la etiqueta dice dos cucharaditas use y mida en cucharadas medidoras o un envase medidor marcado en cucharaditas y no en una cucharadita de cocina. No será exacto.

Nunca adivine cuando este convirtiendo unidades de medidas – como de cucharadita o cucharada a onzas. Usted puede llamar a la farmacia y preguntarle al farmacéutico. Si es tarde y no puede hablar con su farmacéutico por teléfono, llame a cualquier farmacia que este abierta y pregúntele al farmacéutico como convertir las medidas. *No adivine.*

Lea la etiqueta cada vez, no trate de recordar la dosis usada la ultima vez y no le dé a su niño mas solamente porque se ve mas enfermo que la ultima vez.

Pregúntele a su doctor o farmacéutico acerca de darle a un niño mas de una medicina al mismo tiempo. Asegúrese de seguir cualquier edad y límite de estatura. Los cuerpos de los niños reaccionan diferente que los adultos, por lo tanto siga las instrucciones cuidadosamente.

Nunca deje que el niño se tome la medicina por el mismo y no llame a la medicina "dulces" o "premios" para que sus niños la tomen. Si ellos encuentran la medicina cuando usted no está allí, ellos podrían acordarse que usted la llama dulces y se la comerán como dulces.

Consulte con su doctor antes de darle a cualquier niño productos que contengan aspirina. Nunca les dé aspirinas a niños y adolescente que tienen varicela, gripe o síntomas de influenza, tales como nausea, vomito o fiebre. Las aspirinas han sido asociadas con un alto riesgo del Síndrome de Reye. Es una enfermedad rara pero seria, y algunas veces fatal, para niños a quienes les administraron aspirina cuando ellos tenían estos otros síntomas.

Embarazo y Crianza (Amamantar)

Si usted esta embarazada, siempre hable con su doctor antes de tomar cualquier droga ya sea con o sin prescripción. Las drogas pueden pasar de la madre embarazada al bebé que no ha nacido. Una cantidad apropiada para la madre podría ser demasiado para el bebé que no ha nacido.

Consulte con su doctor antes de tomar cualquier medicina mientras está amamantando. Un doctor le puede decir como ajustar el tiempo y la dosis de muchas medicinas para que el bebé reciba la cantidad más baja posible o si la droga debiese ser evitada por completo.

Medical Specialists

This diagram shows what each medical specialty will be listed under in the Yellow Pages and also in your insurance plan directory. These are the doctors that your primary care doctor will refer you to if you have to see a specialist.

Nose
Rhinology

Eye & Vision
Ophthalmology

Mental Health
Psychiatry

Ear
Otology

Ear, Nose & Throat
Otolaryngology,
Otorhinolaryngology

Jaws, Mouth & Face
Maxillofacial

Throat
Laryngology

Glands
Endocrinology

Blood
Hematology

**Heart & Blood
Vessels**
Cardiac Cardiovascular

Chest
Thoracic

**Bones, Joints,
Muscles, Spine**
Orthopedic

**Lungs &
Respiration**
Pulmonology

**Digestive
System**
Gastroenterology

Kidneys
Nephrology

Colon & Rectal
Proctology

**Bladder, Prostrate,
Urinary**
Urology

Skin
Dermatology

Arthritis
Rheumatology

Alcohol & Drug Abuse
Addictionology

**Female
Reproductive
System**
Gynecology

Blood Vessels
Vascular

**Cancer & Malignant
Diseases**
Oncology

**High Blood
Pressure**
Hypertension

Childbirth/Pregnancy
Obstetrics

Nervous System
Neurology

Children
Pediatric

Newborns/Infants
Neonatology

Elderly
Geriatrics

Obesity
Bariatrics

Feet Podiatry

X-Ray/Imaging
Radiology

Especialistas Médicos

Este diagrama muestra a cada medico especialista bajo el listado en las paginas amarillas y también en el directorio de su plan de seguro. Estos son doctores que su doctor general les referirán si tiene que ver a un especialista.

Nariz
Rinología

Ojos y visión
Oftalmología

Salud mental
Siquiatría

Oídos
Otología

Garganta, nariz y oídos
Otolariiagología,
Otorrinolaringología

Quijada, boca y cara
Medicina maxilofacial

Garganta
Laringología

Glándulas
Endocrinología

Corazón y vasos sanguíneos
Cardiología, medicina cardiovascular

Sangre
Hematología

Pecho
Medicina torácica

Huesos, articulaciones, músculos y espina dorsal
Ortopedia

Pulmones y respiración
Pulmonología

Sistema digestive
Gastroenterología

Riñones
Nefrología

Colon y recto
Proctología

Vejiga, próstata y vías urinarias
Urología

Piel
Dermatología

Artritis
Reumatología

Uso impropio de bebidas alcohólicas o drogas
Adiccionología

Sistema reproductivo de la mujer
Ginecología

Vasos sanguineos
Medicina vascular

Alta presión sanguínea
Hipertensión

Cáncer y enfermedades malignas
Oncología

Sistema nervioso
Neurología

Recién nacidos, niños pequeños
Neonatología

Embarazon y partos
Obstetricía

Niños
Pediatría

Obesidad
Medicina bariátrica

Ancianos
Geriatría

Radiografías y tomografías de imágenes
Radiología

Pies Podiatría

Non-Medical Insurance

There are many different kinds of insurance you will need or want in your everyday life. They are all for the same reason; to take care of you and your family financially in the event of loss or injury.

Home Insurance

Home insurance insures two things: the building and your belongings. People buy it based on the amount of protection they get and the price of the policy. Home insurance isn't expensive, a few hundred dollars a year will cover you. Shop around for the best price and policy for your needs.

When you look at different policies, make sure your house and your personal possessions are covered for their value. Read the policy carefully, some items are not in a basic policy and supplemental coverage might be needed.

Homeowners with mortgages are required by their lenders to have home insurance. Lenders require certain amounts of coverage, but that might not be enough to cover your needs. Lenders want to make sure their loss (the mortgage amount) is covered, but you have to decide what you would need, too.

There are seven basic kinds of home insurance policies and they are almost the same where ever you live in the U.S. They are classified by the types of coverage they offer. Most are for people in houses, one is for renters, one is for condominium coverage. There are variations on these policies, such as coverage for landlords, who buy coverage only on their building and not the renter's belongings. Mobile homes also have special policies.

The Coverages You'll Need

In most cases, you'll want to insure your house and its contents for their replacement values, which will probably be different from the market value. So if you have older furniture, you should get enough coverage to be able to buy similar, new furniture to replace it if it is destroyed. Don't buy coverage for the amount you paid for it many years ago.

Standard coverage normally insures your possessions at 40-50 percent of the value of your house. You can purchase inexpensive "floaters" that add coverage for possessions that might not be covered by the automatic 40-50 percent amount: computers, electronic equipment, cameras, art and jewelry, for example. This means that if your

138

Seguros que no Son Médicos

Hay muchos tipos de seguros diferentes que usted necesitará en su vida cotidiana. Todos ellos están por la misma razón; para proteger a su familia financieramente en caso de muerte o heridas.

Seguro de Vivienda

El seguro de vivienda asegura dos cosas: la casa y sus pertenencias. La gente compra el seguro dependiendo del nivel de cobertura y el precio de la póliza. El seguro de vivienda no es muy caro, unos pocos cientos de dólares al año le dará la cobertura. Compare compañías para obtener el mejor precio y la mejor póliza para cubrir sus necesidades.

Cuando usted compara pólizas diferentes asegúrese que su casa y posesiones personales estén cubiertas por su valor. Lea la póliza cuidadosamente, algunos artículos no están incluidos en la póliza base por lo que podría necesitar seguro complementario.

Los propietarios de casas que tienen hipotecas son obligados por sus prestamistas a mantener seguro de vivienda. Los prestamistas requieren una cierto nivel de cobertura, el cual quizás no sea suficiente para cubrir sus necesidades. Los prestamistas quieren asegurarse que sus perdidas (la cantidad de la hipoteca) sean cubiertas, pero usted también tiene que decidir que va a necesitar.

Hay siete tipos básicos de pólizas de seguro de vivienda y estas son casi iguales en cualquier parte que viva de los Estados Unidos. Estas son clasificadas por el tipo de cobertura que ofrecen. La mayoría son para propietarios de casas, uno es para los que alquilan y otro para cobertura de condominios. Hay variaciones en estas pólizas, como por ejemplo cobertura para el arrendador, quien compra cobertura solo para su propiedad y no para las pertenencias del arrendatario. Las casas rodantes también tienen pólizas especiales.

Los Seguros que Necesitará

En la mayoría de los casos, usted querrá asegurar su casa y sus contenidos por su valor de reemplazo, el cual probablemente difiera del valor de mercado. Por lo tanto si usted tiene muebles viejos, usted debe obtener suficiente cobertura para que le permita comprar muebles nuevos similares para reemplazarlos si son destruidos. No compre cobertura por la cantidad que usted pagó por los muebles hace muchos años atrás.

La cobertura estándar normalmente asegura sus pertenencias en un 40-50 por ciento del valor de la casa. Usted puede comprar "flotadores" más económicos que añaden cobertura para pertenencias que podrían no ser cubiertas por la cantidad del automático porcentaje 40-50, por ejemplo: Computadoras, equipos electrónicos, cámaras, obras de arte y joyas. Esto significa que si su casa es asegurada por $100,000, sus posesiones personales están automáticamente aseguradas por $40,000-$50,000, pero ciertas cosas home is insured for $100,000, your personal possessions are automatically insured for $40,000-$50,000, but certain things like art and jewelry might not be insured for the full amount. Ask your agent to explain it to you.

Free-standing structures on your property (garages, gazebos, tool sheds) are also covered, with standard protection equal to 10 percent of your house.

The same as with your personal property, you should decide if these amounts are sufficient and if they are not, buy more coverage. The additional coverage is quite inexpensive, talk to your agent about it.

Liability Coverage

If someone who is not covered on your health insurance suffers an injury on your property, you might be responsible and will have to pay for the medical care. Home insurance covers these injuries up to the amount of coverage you have purchased, usually $100,000 or more. If you don't have this coverage and you are sued, you could lose your house and more if you lose the lawsuit.

Ask your insurance agent to tell you other things that are covered in your policy. For example, you will probably have off-premises theft protection, which isn't needed very often, but is a very good thing to have when it is needed. Be sure to check your policy.

You can find an insurance company by asking friends and co-workers or by looking in the Yellow Pages.

Renter's Insurance

Your landlord might be sympathetic if you come home from work and find your apartment has been totally vandalized or emptied by a burglar, but his insurance does not cover your belongings. Your landlord will pay for any damage to the building, but not for your possessions.

You must purchase a renter's policy to cover the loss of your clothes, stereo, furniture, television, bicycle, jewelry, computer, artwork and other items. They will be covered against loss from fire or smoke, lightning, vandalism, theft, explosion, windstorm and water damage from plumbing.

You will also have liability insurance included, so if someone who is not covered on your health insurance is injured in your apartment, and you're found to be responsible, you can pay the medical expenses. If you don't have this coverage and you are sued, you could be paying for it for many years if you lose the lawsuit.

When you call home insurance companies, ask if they have renter's or tenant's insurance. Many renters don't buy insurance because they think the landlord's insurance covers them and then find out the hard way that it doesn't.

como obras de arte y joyas podrían no estar aseguradas por su valor total. Pídale a su agente de seguro que le explique. Estructuras independientes dentro de su propiedad (garajes, gazebos, caseta de herramientas) también están cubiertas, con protección estándar equivalente al 10 por ciento de la de su casa.

Al igual que con sus pertenencias personales, debe decidir si estas cantidades son suficientes y si no lo son compre mas cobertura. La cobertura adicional es bastante económica, hable con su agente de seguros al respecto.

Seguro de Responsabilidad Civil (Liability)

Si alguien quien no está cubierto en su seguro médico sufre una lesión en su propiedad, usted pudiese ser responsable y tendría que pagar por el cuidado médico. El seguro de vivienda cubre estas lesiones hasta el monto de cobertura que usted ha comprado, usualmente de $100,000 o más. Si usted no tiene esta cobertura y es demandado, podría perder su casa y más si pierde la demanda.

Pídale a su agente de seguros que le diga de otras cosas que están cubiertas en su póliza. Por ejemplo probablemente tenga protección contra robo fuera de la casa, la cual no se necesita a menudo, pero es algo bueno tenerla cuando se necesita. Asegúrese de revisar su póliza.

Usted puede encontrar una compañía de seguro preguntándole a sus amigos, compañeros de trabajo o buscando en las paginas amarillas.

Seguro de Arrendatario

Su arrendador podría sentir simpatía por usted si llega del trabajo y encuentra que su apartamento ha sido totalmente violentado y vaciado por un ladrón, pero el seguro del arrendador no cubre sus pertenencias. El arrendador pagara por daños al edificio, pero no por sus pertenencias.

Usted debe comprar una póliza de arrendatario para cubrir las pérdidas de su ropa, equipos de sonido, muebles, televisor, bicicleta, joyas, computadoras, obras de arte y otros artículos. Estos serán cubiertos por pérdida causada por incendio o humo, rayos, vandalismo, robo, explosión, tormenta de vientos y daños causados por fuga de agua de tuberías.

También tendrá seguro a terceros incluido, por lo que si alguien quien no está cubierto en su seguro médico se lesiona en su apartamento, y se demuestra que usted es responsable, usted puede pagar los gastos médicos. Si usted no tiene esta cobertura y es demandado, usted podría estar pagando por ello por muchos años si pierde la demanda.

Cuando llame a las compañías de seguro de viviendas, pregunte si tienen seguro de arrendatarios o alquiladores. Muchos arrendatarios no compran seguro por que piensan que el seguro del arrendador los cubre y después descubren de la manera más dolorosa que no lo estaban.

Auto Insurance

An auto insurance policy is a package of different coverages. Most states require that you purchase a minimum amount of certain kinds of coverage. But it makes sense to buy more than what's required.

Liability Coverage

Liability coverage is the basis of any auto insurance policy and is required in almost all states. If you're responsible for an accident, your liability insurance will pay for the bodily injury and property damage expenses caused to others in the accident, and also pay your legal bills. Bodily injury coverage pays for medical bills and lost wages. Property damage coverage pays for the repair or replacement of things you wrecked, but not your own car. The other person involved may also decide to sue you to collect "pain and suffering" damages.

Your insurance agent can tell you what the minimum level of coverage is in your state. It's wise to buy more than the minimum, a serious accident will cost much more than that amount, especially since hospital care is so expensive. If you are sued, you might lose your house, your savings account and any other assets you own. Extra liability insurance is not expensive.

Collision Coverage

If you cause an accident, collision coverage will pay to repair your vehicle. You usually can't collect any more than the actual cash value of your car, which is not the same as the car's replacement cost.

Collision coverage is normally the most expensive part of auto insurance. By choosing a higher deductible, maybe $500 or $1,000, you can keep your premium costs down. Remember, you pay the amount of your deductible before the insurance company pays any money after an accident, so get the deductible amount you can handle.

Comprehensive Coverage

Comprehensive coverage pays for damages to your car that weren't caused by an auto accident: damages from theft, fire, vandalism, natural disasters or hitting a deer all qualify. Comprehensive coverage also comes with a deductible and your insurer will only pay as much as the car was worth when it got wrecked.

Medical Payments Coverage

MedPay pays for your passengers' medical expenses after an accident while you're driving your car, driving someone else's car (with their permission) and injuries you or your family members suffer when you are

142

Seguro de Automóviles

Una póliza de automóviles es un paquete que contiene diferentes coberturas. La mayoría de los estados requiere que usted compre una cantidad mínima de ciertos tipos de cobertura. Pero tiene sentido comprar mas de la requerida.

Cobertura de Responsabilidad Civil

La cobertura a terceros es la base de cualquier póliza de seguro de autos y es requerida en casi todos los estados. Si usted es responsable por un accidente, su seguro a terceros pagará por lesiones corporales y gastos por daños a la propiedad causada a otros en el accidente, y también paga por sus cuentas legales. La cobertura por lesiones corporales paga por gastos médicos y por salarios no devengados. La cobertura de daños a la propiedad paga por la reparación o reemplazo de cosas que usted chocó, pero no por su propio carro. La otra persona involucrada puede decidir demandarlo para cobrar daños por "dolor y sufrimiento".

Su agente de seguro puede decirle cual es el mínimo nivel de cobertura en su estado. Es sabio comprar mas de lo mínimo requerido, un accidente serio le costará muchísimo más que esa cantidad, En especial los gastos de hospitalización que son muy caros. Si es demandado, podría perder su casa, sus ahorros y cualquier otra pertenencia. El seguro de cobertura a terceros extra no es caro.

Cobertura de Colisión

Si usted ocasiona un accidente, la cobertura de colisión pagará por la reparación de su automóvil. Normalmente no le pagan más del valor actual de su carro, el cual no es lo mismo que el costo de reemplazo del carro.

Cobertura de colisión es normalmente la parte más cara del seguro de automóvil. Al escoger deducibles más altos, quizás $500 o $1000, usted puede mantener el costo de la póliza bajo. Recuerde, usted paga la cantidad del deducible antes que la compañía de seguro pague cualquier dinero después del accidente, por lo tanto obtenga una cantidad de deducible que usted pueda cubrir.

Cobertura Comprensiva

La cobertura comprensiva cubre pagos por daños a su carro que no fueron causados por un accidente de auto: daños por robo, incendio, vandalismo, desastres naturales, o atropello por un venado, todo esto califica. La cobertura comprensiva también tiene un deducible y su aseguradora solamente pagará tanta cantidad como el valor del carro antes de que ocurrieran daños.

Cobertura de Pagos Médicos

La cobertura "MedPay" paga por los gastos médicos de sus pasajeros después de un accidente en el cual usted estaba conduciendo su carro, el de pedestrians. The coverage will pay regardless of who is at fault, but if someone else is liable, your insurance company might sue the responsible person to get the expenses reimbursed from him or her.

BI and No-fault Coverages

Bodily injury protection (BI) and broader no-fault coverages are expanded forms of medical payments protection. Some states require this coverage and some states have optional BI or no-fault coverage. Expanded features might include payments for lost wages and child care while you are recovering.

If you have a good health insurance plan, there might be very little need to buy more than the minimum required BI or MedPay coverages. And, if you already have disability insurance (probably at work), there's little reason to purchase higher-than-minimum amounts of BI. If your health insurance plan changes, remember to change this auto insurance coverage if needed.

Uninsured/Underinsured Motorists Coverages

Uninsured motorists (UM) coverage pays for your injuries if you're hit by a hit-and-run driver or someone who doesn't have auto insurance.

Underinsured motorists (UIM) coverage will pay if the driver who hit you causes more damage than his or her liability coverage can cover. In some states, UM or UIM coverage will also pay for property damages.

UM/UIM is required in many states. You should have at least the minimum amount of UM/UIM because if you can't find the other driver, you'll have some coverage.

Ask your agent about supplemental auto coverages that are available. He or she can help you get the coverages that are needed to protect you and your family. If you don't ever need the insurance, consider yourself very fortunate, but if you do need it, you will also be fortunate to have good coverage.

Personal Umbrella Liability Policy

Since so many people in this country sue others, many people feel they need more liability protection than their standard policies provide. Umbrella policies are available that will start paying when you reach the limit on the liability coverage of your homeowner, renter or auto policy. You might not need this when you first move here, but as your financial wealth grows you may want to check into it.

alguien más (con su consentimiento) y lesiones que usted o miembros de su familia sufrieran cuando anden como peatones. La cobertura pagará sin importar quien tuvo la culpa, pero si alguien más es responsable, su compañía de seguro pudiese demandar a la persona responsable para obtener de ella el reembolso de los gastos.

Coberturas de Lesiones Personales y de No-culpa

Las coberturas de protección de lesiones personales ("BI" por sus siglas en Inglés) y la más amplia de no-culpa son tipos de protección expandidas de pagos médicos. Algunos estados requieren esta cobertura y otros tienen cobertura BI o de no-culpa opcional. Características adicionales podrían incluir pagos por salarios no devengados y por cuidado infantil mientras se recupera.

Si usted tiene un buen plan de seguro médico, podría haber poca necesidad de comprar más de la mínima cobertura de BI o MedPay. Y si usted ya tiene seguro de invalidéz (probablemente en el trabajo), hay muy pocas razones para comprar mas de la cantidad mínima de BI. Si su plan de seguro médico cambia, recuérdese de cambiar este seguro de auto si se necesita.

Coberturas de Conductores No-asegurados y Sub-asegurados

La cobertura de conductores no-asegurados ("UM"- por sus siglas en Inglés) paga por sus lesiones si usted es golpeado por un conductor que se da a la fuga o por alguien que no tiene seguro de autos.

La cobertura de conductores sub-asegurados ("UIM"- por sus siglas en Inglés) le pagará si el conductor que lo golpeó ocasiona más daños que lo que puede cubrir su seguro a terceros. En algunos estados, las coberturas UM o UMI también pagaran por daños a la propiedad.

UM/UIM es requerido en muchos estados. Usted debe tener por lo menos la cantidad mínima de UM/UMI porque si no puede encontrar al otro conductor, tendrá algo de cobertura.

Pregúntele a su agente por coberturas de auto complementarias disponibles. El agente puede ayudarle a obtener las coberturas necesarias para protegerlo a usted y su familia. Si usted nunca necesita del seguro, considérese usted afortunado, pero si le hace falta será también afortunado en tener la cobertura.

Póliza Adicional de Responsabilidad Civil

Ya que mucha gente en este país demanda a otros, mucha gente siente que necesita más protección contra reclamos de terceros de la que provee sus pólizas estándar. Hay pólizas de protección personal disponibles que comenzaran a pagar cuando usted alcance el límite de su cobertura de propietario de vivienda, arrendatario o de auto. Usted podría no necesitar esta póliza cuando recién se mude aquí, pero a medida que su valor financiero crece quizás querría considerarla.

Life insurance

The major reason for owning life insurance is to provide income replacement to your beneficiaries when you die. Life insurance falls into two categories: term and permanent.

Term Life Insurance

Term life insurance provides death benefit protection for a specified period of time (for instance, you might buy a 10-year term policy). Generally speaking, if you're looking for coverage for a short period of time, term life insurance makes sense.

When you have insurance coverage through your employer, it will be term insurance. The day you stop paying term insurance, the insurance stops, which is why the employer offers this type. The day you leave that company, they stop paying and your life insurance coverage stops, too.

Term life insurance is very inexpensive for that same reason. You can even buy $250,000 or $500,000 for a very small payment each month, especially if you are fairly young and a non-smoker. This is what many people do while they have a mortgage on a house. They get a policy on each person on the mortgage, so if one of them dies, the other can completely pay the mortgage and their other bills and not worry about losing their home. If only one of the couple is on the mortgage, it is still a good idea to get a policy on the other one.

Term life insurance is very cheap – don't miss any payments or it will stop immediately.

Premiums will increase as you get older, but term life insurance is usually a good choice for young people who can't afford the higher expense of permanent insurance, or for people covering specific needs that will disappear in time, such as a car loan or a mortgage or for older people who just want some insurance to pay for their funeral or to leave some money to their family.

Non-Guaranteed Term Life Insurance

Non-guaranteed term life provides death benefit protection only for a short time (usually a year). The risk with this is if you get a serious disease, such as cancer or diabetes, during this time, you might not be able to get a new policy once the term is up. If you develop a serious disease and then try to get any kind of life insurance, you might be denied coverage or charged a much higher premium.

Seguro de Vida

La razón principal para poseer un seguro de vida es proveer con reemplazo de ingresos a sus beneficiarios cuando usted muera. El seguro de vida se divide en dos categorías: con plazo y permanente.

Seguro de Vida a Termino

Seguro de vida temporal provee beneficio por muerte por un período de tiempo específico (por ejemplo usted puede comprar una póliza por un termino de 10 años). Generalmente hablando, si usted está buscando por una cobertura de un corto período de tiempo, seguro de vida temporal tiene sentido.

Cuando tiene cobertura de seguro a través de su empleador, éste será seguro de vida temporal. El día que deje de pagarlo, el seguro se cancela. Por eso es que el empleador le ofrece este tipo de seguro. El día que deje la compañía, ellos paran el pago y su cobertura de seguro para también.

> *El seguro de vida a termino es muy barato – no falte en hacer sus pagos o se lo cortaran inmediatamente.*

Este tipo de seguro no es caro por esa misma razón. Usted puede comprar $250,000 o $50,000 de cobertura por un monto pequeño cada mes, especialmente si usted es joven y no fuma. Esto es lo que muchas personas hacen cuando tienen una hipoteca de la casa. Ellos obtienen una póliza de cada persona que esta en la hipoteca, por si alguno de ellos muere, el otro puede completamente pagar la hipoteca y otras cuentas y no preocuparse por perder la casa. Si una sola personas en esta pareja tiene la hipoteca, todavía es buena idea obtener una póliza a nombre de la otra.

Las primas aumentarán a medida que envejece, pero seguro de vida temporal es una buena decisión para personas jóvenes que no pueden hacer gastos más altos de seguro permanente, o para personas que se quieren cubrir contra necesidades específicas que desaparecerán en un período de tiempo, tal como un préstamo de carro, hipoteca o para ancianos quienes solamente quieren el seguro para pagar sus funerales o dejarle dinero a su familia.

Seguro de Vida a Termino sin Garantía

El seguro de vida temporal sin garantía proporciona beneficios de muerte solamente por un corto período de tiempo (usualmente un año). El riesgo con esto es que si usted tiene una enfermedad seria, tal como cáncer o diabetes, durante este tiempo, usted probablemente no podría obtener una nueva póliza una vez que se termine el plazo. Si se le presenta una enfermedad seria y trata de obtener cualquier tipo de seguro de vida, le podrían negar la cobertura o le cobrarían una prima mucho más alta.

Annual Renewable Term Insurance

Annual renewable term insurance offers a longer term, usually 10, 20 or 30 years. By buying a longer term policy, your costs can be stretched out to avoid the annual increases found in non-guaranteed term life. Also, you can renew it each year, even if you can't get any other kind of insurance because of health problems.

Convertible Term Insurance

Convertible term is like annual renewable term but it also offers conversion to a permanent policy in the future, when regular term premiums might become too expensive for you or if you get a disease. Convertible term policies usually provide the maximum protection with the smallest amount of cash required. This is a good choice for anyone, young or old, who is unable to afford the higher cost of permanent insurance but needs maximum life insurance and also wants to have the option of converting to permanent coverage in the future.

Permanent Life Insurance

If you are interested in using the policy as a form of savings, permanent insurance is better for you. It is more expensive than term insurance. But the younger you are when you purchase it, the lower your life time premiums will be, since they are based on the age you are when you buy it.

Whole or Ordinary Life Insurance

Whole life policies stretch the cost of insurance out over a longer period of time and your monthly premium stays the same with no increase. You pay for it your entire life, not just a few years like a term policy. Part of your premium payments are invested by the company and the policy earns cash value. If you cancel the policy after paying on it for a few years, the cash value will probably be available to you. You can't personally manage that investment, so it is important to research an insurance company to be sure you are with a good one. Ask your agent about different companies or look on the Internet.

There are many different choices when you are buying life insurance. Discuss them with your agent.

Since the premium payments are higher than term insurance, they could become a burden if your expenses increase or if you lose your job. This is the reason many people buy term life.

Seguro de Vida Renovable Anualmente

Este tipo de seguro ofrece un termino más largo, usualmente 10, 20, 30 o más años. Comprando una póliza de largo plazo, su costo se puede estrechar para evadir el aumento anual que se encuentra en las pólizas de vida sin garantía. También puede renovar cada año, así no pueda obtener ningún otro tipo de seguro debido a problemas de salud.

Seguro de Vida a Termino y Convertible

El seguro de vida a termino y convertible es como un termino anual renovable pero también ofrece conversión a una póliza permanente en el futuro. Cuando las primas de las pólizas regulares a plazo podrían llegar a ser muy caras para usted, especialmente si tiene una enfermedad. Seguro de vida temporal y convertible provee la protección máxima con el monto más pequeño requerido en efectivo. Esta es una buena selección para cualquiera, joven o viejo, quien no es capaz de tener un costo más alto de seguro permanente pero necesita un máximo seguro de vida y también tener la opción de convertirse en cobertura permanente en el futuro.

Seguro de Vida Permanente

Si está interesado en usar la póliza como una forma de ahorros, el seguro de vida permanente es mejor para usted. Es más caro que el seguro a plazo. Pero mientras más joven sea cuando lo compre, las primas de por vida de su seguro serán mas bajas, ya que están basadas en la edad que tiene cuando lo compra.

Seguro de Vida Completo u Ordinario

Las pólizas de vida completa extienden el costo a un período de tiempo más largo y sus pagos mensuales permanecen iguales sin ningún aumento. Usted paga por ésto por toda su vida, no solamente pocos años como la póliza a plazo parte de sus pagos de prima son invertidos por la compañía y la póliza gana valor en efectivo. Si usted cancela la póliza después de haber estado pagándola por pocos años, el valor del dinero probablemente estará disponible para usted. Usted no puede manejar esta inversión personalmente, por lo tanto es importante que averigüe por una compañía de seguros que usted esté seguro que sea buena. Pregúntele a su agente acerca de diferentes compañías o busque en el Internet.

Hay muchas opciones diferentes cuando esta comprando seguro de vida. Discútalo con su agente.

Como los pagos de prima son más altos que los de seguro a plazo, pueden llegar hacer un peso si sus gastos aumentan o si pierde su trabajo. Esta es la razón por la cual mucha gente compra seguros de vida a plazo.

Universal Life Insurance

This option offers greater flexibility than either whole life or term life. After your initial payment, you can reduce or increase the amount of your death benefit (to increase the amount, you'll probably have to prove to the insurance company that you are still healthy). Also, after your first payment, you can pay premiums any time, in almost any amount, but you must be within the policy's required minimums and maximums.

You'll have to watch these policies closely to keep sufficient funding (possibly needing to pay an additional premium), especially because the insurance company can increase charges. Part of your premium is invested by the insurance company and earns cash value, too. It is important to be careful when choosing an insurance company, whatever type of insurance you buy. There are many very good companies available, ask your agent.

Variable Life Insurance

There are both Universal Variable Life and Whole Variable Life. This option provides death benefits and cash values that fluctuate with the performance of the investments that you choose (you'll receive a list along with your policy). The cash value is not guaranteed, but you get to choose where your premium dollars go among the investments in the portfolio. While there is no guaranteed cash value, you have control over your money and can invest it according to your own comfort for risk.

Finding an Insurance Company

To find any insurance company, ask friends and neighbors or look in the telephone book for the name of a company. You can check the Internet for the names and history of companies or call:
National Insurance Consumer Helpline (NICH)
1-800-942-4242.

If you have an idea that should be added to the next edition, write me or answer on the survey page of the website: www.HowToLiveAndThrive.com. I'll send you a free gift for your ideas.

Seguro de Vida Universal

Esta opción ofrece una flexibilidad más grande que la de vida completa o vida a plazo. Después de su pago inicial, usted puede reducir o incrementar el monto de beneficio de muerte (para incrementar el monto, usted probablemente tiene que probar a la compañía de seguro que todavía está en buena salud). También, después de su primer pago, usted puede pagar su prima cuando quiera con casi cualquier monto, pero debería ser con los requerimientos mínimos y máximos de la póliza.

Usted deberá observar estas pólizas muy detalladamente para mantener suficiente fondo (posiblemente necesitando pagar una prima adicional), especialmente porque la compañía de seguro puede incrementar los cobros. Parte de su prima es invertida por la compañía de seguro y también gana valor su dinero. Es importante y ser cuidadoso cuando escoja una compañía de seguros, cualquier tipo de seguro que compre. Hay muchas compañías muy buenas disponibles, pregúntele a su agente.

Seguro de Vida Variable

Hay dos tipos de seguro de vida uno variable universal y el otro es variable completo. Estas opciones proveen beneficios de muerte y valor en su dinero que cambian con la ejecución que usted escoge de las inversiones (usted recibirá una lista en concordancia con su póliza). El valor del dinero no es garantizado pero usted puede escoger donde van los dólares de su prima en el portafolio de inversión. Mientras no hay garantía en el valor del dinero, usted tiene control de su dinero y puede invertirlo de acuerdo al riesgo en que se sienta cómodo.

Encontrando una Compañía de Seguro

Para encontrar cualquier compañía de seguro, pregúntele a sus amigos y vecinos o busque en la guía telefónica por el nombre de una compañía. Puede chequear el Internet por los nombres e historial de compañías o llame a la: línea de ayuda al consumidor del seguro nacional que por sus siglas (NICH) en Inglés significa "National Insurance Consumer Help Line" 1-800-942-4242.

Si tiene una idea que pudiera ser incluida en la próxima edición, escríbame o responda la encuesta en la página Web: www.HowToLiveAndThrive.com. Le enviaré un regalo por su idea.

Social Security Number

You need a Social Security number to work here. Whether you are admitted to the U.S. by the Immigration and Naturalization Service (INS) or born here, you need a SSN to work here.

Even if you don't have permission to work, state and local governments sometimes require you to have a Social Security number to administer laws related to taxes, driver license or vehicle registration.

You can still get a number and card, even though you do not have permission to work here, if you prove that you need a Social Security number. The card will state "Not Valid for Employment" and you will have to get it changed to start working when you become eligible.

There is no charge to apply for a Social Security number, don't pay anyone to get it for you. There are forms to fill out and documents you will have to provide to prove your lawful status, read the instructions on the forms very carefully.

As a lawfully admitted alien, you can obtain many benefits and services without having a number, even though you may be asked to give one. The Social Security Administration can give you a letter that states that no number is assigned or necessary.

If banks ask for a number in order to open a bank account for you, contact the IRS (Internal Revenue Service) at 1-800-829-1040 for information on how to get an Individual Taxpayer Identification Number (ITIN) for this purpose.

Contact the Social Security Administration (SSA) at 1-800-772-1213 for information, forms and any letters you need.

Why You Need a Social Security Card

A Social Security card contains a unique, nine digit Social Security Number, issued to you by the Social Security Administration (SSA).

The Social Security Number (SSN) is used by government agencies, schools and businesses to identify people in this country. It is a very important identifying number and will stay with you for the rest of your life. Every working person and taxpayer in the United States must have a social security number and everyone's number is different.

> *Protect your SSN and always make sure the correct one is being used.*

Even young children have Social Security numbers because parents must show the number on their tax return to claim them as dependents. It is common for parents to get social security numbers for their babies when they are born.

It's very important that you always use the correct number. Make sure

Número de Seguro Social (SSN)

Usted necesita un número de Seguro Social para trabajar aquí. Asi haya sido admitido a los Estado Unidos a traves del servicio de Inmigración y Naturalización (INS) o haya nacido aquí, usted necesita un SSN para trabajar aquí.

Así usted no tiene permiso para trabajar el gobierno estatal y local a veces requiere que tenga un número de seguro social para administrar las leyes relacionadas a los impuestos, licencia de manejo o registro de vehículos.

Usted todavía puede obtener un número y tarjeta así no tenga permiso para trabajar aquí, si usted puede probar que necesita un número de seguro social. La tarjeta dirá "no es valida para trabajar" ("Not Valid for Employment") y usted la tendría que cambiar cuando sea elegible para trabajar.

No hay ningún cobro para aplicar por el número de seguro social no le pague a nadie para obtenerlo. Hay formularios que puede llenar y documentos que puede mostrar para probar su estatus legal, lea las instrucciones en los formularios muy cuidadosamente.

> *Proteja su numero de seguro social y siempre asegúrese de que el correcto se este usando.*

Como un extranjero legal admitido, usted puede obtener muchos beneficios y servicios sin tener un número, a pesar de que le puedan pedir uno. La administración del seguro social puede darle una carta que diga que no es necesario asignar un número.

Si un banco le pide un número para abrirle su cuenta bancaria, contacte al IRS al 1-800-829-1040 para información de cómo obtener un número de identificación individual de impuestos que por sus siglas en Inglés (ITIN) significa "Individual Taxpayer Identification Number" para este propósito.

Contacte la administración de seguro social (que por sus siglas en Inglés "SSA" significa Social Security Administration) al 1-800-772-1213 para información, formularios y cualesquiera cartas que usted necesite.

¿Por Qué Necesita una Tarjeta de Seguro Social?

Una tarjeta del seguro social contiene un número único de 9 dígitos, dado por administración de seguro social.

El número del seguro social es usado por las agencias del gobierno, escuelas y negocios para identificar a la gente de este país. Es un número de identificación muy importante y permanecerá con usted por el resto de su vida. Cada persona que trabaje y pague taxes en los Estados Unidos debe tener un número de seguro social y el número de cada uno es diferente.

Hasta los niños pequeños tienen número de seguro social por que los padres deben mostrar el número es sus impuestos para reclamarlos como dependientes. Es común para los padres obtener un número de seguro social para sus bebes cuando ellos nacen.

the name you give your employer is exactly the same as the name shown on your Social Security card. If you ever change your name, you should change the name on your Social Security card, too. Social Security does not charge for this service either.

What is Social Security?

Social security is the term for the financial benefits available, from the U.S. federal government, to all workers. Most workers in the U.S. receive Social Security benefits at some time in their lives. It could be during their working lives if they become disabled and are unable to work; it could be when they retire and collect retirement benefits or they might be eligible for survivors' benefits if their spouse or parent dies during his or her working life.

The three main programs that SSA administers are:

Social Security Survivors Benefits which pay benefits to a deceased worker's family. It will pay for the worker's children until they are about 18 years old.

Social Security Disability Benefits which protect a worker who becomes mentally or physically disabled and can't work.

Social Security Retirement Benefits which pay monthly retirement payments to more than 30 million retired workers and their families. People have to work in this country at least 10 years to receive benefits.

These three programs are all funded by payroll tax deductions – that means by every worker in U.S. Social Security taxes are also known as FICA (Federal Insurance Contribution Act) and are taken out of your pay. These taxes cover Social Security and Medicare and your employer pays a matching amount for you. Once you are in the SSA system, you begin accumulating credits toward future benefits. When you are eligible for benefits, you apply to the Social Security Administration to receive them.

If you hear someone say, "I'm on disability." That usually means he or she is a disabled worker who is collecting Social Security disability benefits. Or if they say, "I'm on Social Security" they are probably retired and collecting Social Security retirement benefits.

How Is the Money Used?

Out of every dollar paid in Social Security and Medicare taxes, 69 cents goes to a trust fund that pays retirement and survivor benefits, 19 cents goes to a trust fund that pays Medicare benefits and 12 cents goes to a trust fund that pays disability benefits.

Es muy importante que siempre use el número completo. Asegúrese que el nombre que le da su empleador es el mismo que aparece en su tarjeta de seguro social. Si alguna vez cambia su nombre debería cambiar el nombre en la tarjeta de seguro social también. El seguro social no cobra por este servicio tampoco.

¿Qué es un Seguro Social?

Seguro social es el termino para beneficios financieros disponibles, del gobierno federal de USA, a todos los trabajadores. Muchos trabajadores en USA reciben beneficios de seguro social alguna vez en sus vidas esto podría ser durante su vida de trabajo si ellos llegaran a tener impedimento físicos y no pudieran trabajar; esto podría ser cuando ellos se jubilen y reciban beneficios de jubilación o podrían ser elegibles para beneficios de sobre-vivientes, si su esposo(a) o padres mueren durante su vida de trabajo.

Los tres programas principales que administra el SSA son:

Beneficios de seguro social de sobrevivientes los cuales pagan beneficios a trabajadores de familia que han fallecido. Lo pagará a los niños de los trabajadores hasta que ellos tengan 18 años de edad.

Beneficios de seguro social de incapacidad el cual protege a los trabajadores que se convierten inhabilitados mentalmente o físicamente y no pueden trabajar.

Beneficios de jubilación de seguro social el cual hace pagos de jubilación mensual a mas de 30 millones de trabajadores jubilados y a sus familias. La persona que tiene que trabajar por lo menos diez años reciben estos beneficios.

Estos tres programas están respaldados a través de las deducciones de impuestos por nómina-esto significa que cada trabajador en USA paga impuestos de seguro social, también conocidos como FICA (Federal Insurance Contribution Act) y son deducidas de su pago. Estos impuestos cubren seguro social y medicare y su empleador paga la otra mitad por usted. Una vez que está en el sistema del SSA usted comienza acumulando créditos hacia sus beneficios futuros. Cuando usted es elegible para estos beneficios, aplique a la administración de seguro social para recibirlos.

Si usted escucha a alguien que dice, "I'm on disability". Eso usualmente significa que el o ella son trabajadores incapacitados que están recibiendo beneficios de incapacidad de seguro social. O si ellos dicen, "I'm on social security" ellos probablemente están jubilados y están recibiendo beneficios de jubilación y de seguro social.

¿Cómo es Usado mi Dinero?

De cada dólar pagado al impuesto de seguro social y Medicare, 69 centavos van a un fondo de seguridad que se usa para pagar jubilación y beneficios de sobreviviente, 19 centavos van a otro fondo de seguridad que paga beneficios de Medicare y 12 centavos va a un fondo de seguridad que paga beneficios de incapacidad.

Be Very Careful with Your SSN

There is no law that either authorizes or prohibits the use of Social Security numbers by organizations other than government agencies. Many government agencies, schools and businesses use Social Security numbers to identify people.

Your Social Security number is usually needed when opening a bank account, registering for school, on tax documents and for payroll purposes. Banks use the numbers to report interest earned on your accounts to the Internal Revenue Service (IRS), and government agencies use Social Security numbers to stop fraud and abuse. You will have to provide this number when applying for loans, credit cards and mortgages, they will use it then to check your credit history.

Your Social Security card is not an identification card. If a company other than the types listed above asks for your Social Security number, ask the manager why they need it and refuse to give it to them if they don't have a good reason. Very often, they don't even know why they ask for it, it is just something they have always done. Keep your card in a safe place and *never* let anyone else have it. If criminals get that number, they can steal your identity. (See "Identity Theft") The SSA will not help you straighten out your credit record if someone has opened accounts with your Social Security number and they won't give you a new number. It is yours for life, you are responsible for it and you only get one.

This number stays with you your whole life. You cannot get a new one.

When you start a job, look at the forms and your first paycheck to be sure they have the right number and correct spelling of your name. When you get your W-2 form (the statement of earnings you get from your employer each year) make sure your name and number are correct.

If your employer uses the wrong Social Security number for you, your earnings will be credited to someone else. If you discover the W-2 form is wrong, it must be corrected before you file your tax return. Your employer has to notify the IRS and you will receive a new W-2. Telephone numbers will be with the form or look for the IRS in your telephone book in the federal government section.

If you have a story about how this book has helped you, write me or answer on the survey page of the website: www.HowToLiveAndThrive.com. I'll send you a free gift for your stories.

Tenga Mucho Cuidado con Su Número de Seguro Social

No hay leyes que prohíben el uso de los números de seguro social por organizaciones que no sean agencias del gobierno. Muchas agencias del gobierno, escuelas y negocios usan el número de seguro social para identificar a la gente.

Su número de seguro social es usualmente requerido cuando abre una cuenta bancaria, se inscribe en la escuela, para documentos de impuestos y para propósitos de nomina. Los bancos usan el número para reportar interés ganado en su cuenta al IRS, y agencias del gobierno usan números de seguro social para parar fraude y abuso. Tendría que facilitar este número cuando aplique por préstamos, tarjetas de crédito e hipotecas, ellos lo usaran para chequear su historial de crédito.

Su número de seguro social no es una tarjeta de identificación. Si cualquier otra organización que no sean las mencionadas en la lista de arriba, piden por su número de seguro social, pregúntele al gerente porque lo necesitan y rehúse a dárselos si no tienen una buena respuesta. A menudo, ellos ni siquiera saben por

> *Este numero le pertenecerá toda su vida. No puede obtener uno nuevo.*

que lo piden, es algo que siempre han hecho. Mantenga su tarjeta en un lugar seguro, y nunca deje que nadie la tenga. Si criminales obtienen su número, ellos pueden robarle su identidad. (Vea "Robo de Identidad") el SSA no te ayudara a corregir tu historial de crédito si alguien ha abierto cuentas con tu número de seguro social y no te darán un Nuevo número. Es suyo de por vida, usted es responsable por éste y solamente obtendrá uno.

Cuando comience un trabajo, revise las planillas y su primer cheque de pago para asegurarse de que tenga el número correcto y de que su nombre este escrito correctamente. Cuando obtenga su forma W-2 (la información de ganancias que obtiene de su empleador cada año) asegúrese que su nombre y número estén correctos.

Si su empleador usa el número de seguro social incorrecto, sus ganancias serán acreditadas a otras personas. Si usted descubre que la W-2 ésta incorrecta, llame a su empleador para que haga las correcciones antes de que haga la declaración de sus impuestos (taxes). Los números telefónicos del IRS se encuentran en las planillas o busque en la guía telefónica por el IRS bajo la sección del gobierno federal.

Si tiene alguna anécdota con relación a como le ha ayudado este libro, escríbame o responda la encuesta en la página Web: www.HowToLiveAndThrive.com. Le enviaré un regalo por su anécdota.

U.S. Driver Licenses

Driver licenses are issued by each state for its residents. They are required for operating all motor vehicles and are also used as photo identification. When you have to prove your identity or age, such as for boarding airline flights, cashing checks and purchasing alcoholic beverages, you'll use your driver license as identification.

If people have a license in one state and move to another state, they have to get a new license and turn in the old one. If you don't drive but still need an identification (ID) card, ask for it at the same place you would get a driver license. They will tell you what proof of identity you need besides your passport.

It is very important to get a driver license. Don't think that just because you are a good driver that you don't have to take the test and get a license. It is a serious offense to drive without a valid license in this country, even if your home country wasn't very strict about licenses.

If you want to be an organ donor, you can indicate that decision on the front of your driver license. Be sure your family is aware of this decision, too. Many states allow citizens to register to vote when they apply for their license, this saves time since you can take care of both things at once. If you see the term "motor voter", that is what it means.

How to Get Your License

Requirements, fees and procedures for driver licenses vary from state to state. A few states might allow certain new residents to use the driver license from their former state or home country until the license expires. For specific rules, contact the Division (or Department) of Motor Vehicles (DMV). Look in the telephone book in the state government section: some books actually list Driver Licenses under the DMV listing. You get your license plate at the DMV, too, although possibly at a different office than you get the driver license. Call them and ask before you go.

Decide the type or "class" of license you need, this will depend on what you will be driving. Most people need a passenger vehicle license, but if you want to drive motorcycles, trucks, mopeds and some other vehicles, you will need a special license in addition to a passenger vehicle license. The minimum age for drivers in most states is 16, with the parents' permission.

Each state's requirements vary so you should call before you go there and ask what you have to bring. You probably will have to provide at least two forms of identification to prove identity and birth date. You don't want to wait in a long line and then get to the front to discover you don't have the papers you need.

Licencias de Manejo en USA

Las licencias de manejo son emitidas por cada Estado para sus residentes. Estas son requeridas para operar todos los vehículos de motor y también se usan como una forma de identificación con foto. Cuando usted tiene que probar su identidad o su edad, como por ejemplo para abordar líneas aéreas, cobrar cheques, y comprar bebidas alcohólicas, usted usaría su licencia de manejo como su identificación.

Si una persona tiene una licencia de un Estado y se muda a otro estado, tiene que obtener una nueva licencia y regresar la vieja. Si no maneja pero todavía necesita una tarjeta de identificación (que por sus siglas en Inglés "ID" significa Identificación Card), pregunte por está en el mismo lugar donde usted obtendría una licencia. Ellos le dirán que tipo de prueba de identidad necesita aparte de su pasaporte.

Es muy importante obtener una licencia de manejo. No piense solamente porque usted es un buen conductor que usted no tiene que tomar el exámen y obtener una licencia. Es una falta grave manejar sin una licencia válida en éste país. Así su país nativo no era muy estricto con las licencias.

Si quiere ser un donante de órganos, usted puede indicar esa decisión en la parte del frente de su licencia de manejo. También asegúrese que su familia éste en conocimiento de esta decisión. Muchos Estados permiten que los ciudadanos se registren para votar al aplicar por su licencia, esto puede ahorrar tiempo porque usted puede hacer las dos cosas al mismo tiempo. Si usted ve la palabra "motor voter" eso es lo que significa.

Como Obtener Su Licencia de Manejo

Requerimientos, tarifas y procedimientos para la licencia de manejo, varían de estado a estado. Algunos estados permitirán a nuevos residentes que usen la licencia de manejo de su antiguo estado o país hasta su fecha de vencimiento. Para reglas especificas, contacte a la División (o Departamento) de Motores y Vehículos (que por sus siglas en Inglés "DMV" significa Divison of Motor Vehicles). Busque en la guía telefónica bajo la sección gubernamental: actualmente algunas guías tienen en su listado bajo licencia de manejo el DMV. Usted también puede obtener sus placas en el DMV. Sin-embargo pueda que sea posible que éste en una oficina diferente a donde obtiene su licencia de manejo. Llámelos y pregunte antes de ir.

Decida que tipo o "clase" de licencia usted necesita, esto dependerá de lo que usted estará manejando. Mucha gente necesita una licencia de vehículo de pasajeros, pero si usted quiere manejar motos, camiones, motocicletas y algún otro vehículo, usted necesitaría una licencia especial en adición a una licencia de vehículos de pasajeros. La edad mínima de los conductores en muchos estados es 16, con el permiso de los padres.

Los requerimientos de cada estado varían, por lo tanto debería llamar antes de ir y preguntar lo que debería traer. Probablemente tendrá que presentar dos formas de identificación para probar su identidad y fecha de nacimiento. Usted no quisiera esperar en una línea larga y entonces al llegar al frente de la línea, descubrir que no tiene todo los papeles que necesita.

Driver License Tests

Driver license offices have free books available for you to study and prepare for the test. Some states have the book in another language besides English, so ask if they have one for you. This book lists all the speed limits, pavement markings and regulations in your state. It will have pictures and names of signals and signs and many of these will be on the test. States have different laws, if you are moving from a different state, you should still read the book to learn the local laws.

The book explains and illustrates many safe driving skills and tips that you must know and practice, both to pass the test and to be a good driver. It explains the punishments and fines for breaking traffic laws.

This book tells you *exactly* what to do if you are stopped by a police officer. People sometimes get hurt by the police because they jump out of their car or reach for things inside when they are stopped. Read the book and remember what it tells you to do if a police officer stops your car.

The book tells you what to do when an emergency vehicle approaches on your side of the road or on the other side. It also tells when it is legal to pass a stopped school bus and precautions to take when you are driving through a work zone. It also give you the seat belt and child safety seat laws.

You absolutely must read this book, even if you think you're already a good driver. If you can't read English very well, have someone help you. It is necessary to learn what to do in certain circumstances and they are explained in the book. It might also have some tips on how to drive in bad weather. *This book is very important: following what is in it might save your life.*

Minimum test scores are required on the written test and they vary from state to state. In some cases, oral tests are allowed. Most people take the written test and the vision and hearing test one day and then go back for the driving test.

When you pass the written test, you receive a "learner's permit" to drive with certain restrictions, until you go back and pass the driving test.

You must provide the vehicle for the driving test. A driver license examiner will ride with you while you are driving and will decide if you can drive the vehicle safely and obey traffic laws. If you fail the test, the examiner will tell you what you did wrong and you can go back another day and take the test again.

DWI or DUI

Drinking and driving is a very serious problem here. Many immigrants think they can do what they did in their home country and they will be safe. In their country they might drive extremely slowly and

Exámenes Para la Licencia de Manejo

Las oficinas de licencia de manejo tienen libros gratuitos disponibles para que se prepare para el exámen. Algunos estados tienen el libro en otras lenguas a parte de Inglés, entonces pregunte si tienen uno para usted. Este libro enumera los límites de velocidad, marcas en el pavimento y las reglas de su estado. El mismo tendrá fotos y señales de tránsito y muchos de ellos estarán en el exámen. Los estados tienen leyes diferentes, si se muda de un estado a otro, tiene que leer el libro de las leyes locales.

El libro explica e ilustra muchas de las aptitudes de manejo que debería saber y practicar, tanto para aprobar el exámen y como para ser un buen conductor.

También explica las multas y penalidades al romper las leyes de tránsito.

Este libro le dice *exactamente* que debería hacer si a usted lo para un oficial de policía. Algunas personas son malogradas por el policía porque se salen del carro o tratan de buscar algo adentro del vehículo cuando los paran. Lee el libro y acuérdese que es lo que dice acerca de lo que debe hacer cuando un oficial de policía para su carro.

El libro dice lo que debería hacer si un vehículo de emergencia se le acerca en su lado o en el otro lado de la vía. También le dice que no es legal pasar a un autobús escolar que éste parado recogiendo niños y las precauciones a tomar cuando maneja en una zona en construcción. También le dice cuáles son las leyes de cinturón de seguridad y los asientos de seguridad para niños.

Absolutamente, tiene que leer este libro, a pesar de que piense que es un buen conductor. Si usted no puede leer Inglés muy bien, entonces busque alguien quien lo ayude. Es necesario que aprenda lo que tiene que hacer en ciertas circunstancias, y esa explicación está en ese libro. También podría haber consejos de como manejar en un mal tiempo. *Este libro es muy importante: ya que si hace todo lo que esta ahí podría salvar su vida.*

Un puntaje mínimo es requerido para el exámen escrito y éste varia de estado a estado. En algunos casos permiten un exámen oral. Muchas personas toman el exámen escrito, de la vista y auditivo el mismo día y después regresan para el exámen de manejo.

Cuando pase el exámen escrito recibirá el permiso de aprendiz (learner's permit) para manejar con ciertas restricciones, hasta que pueda regresar y pueda pasar el exámen de manejo.

Usted tiene que proveer el vehículo para el exámen de manejo. El examinador de la licencia de manejo ira con usted en el carro cuando este manejando para el exámen y decidirá si podrá conducir su vehículo con cuidado y obedecer las leyes de tránsito. Si no pasa el exámen, el examinador le dirá lo que hizo mal y cuando puede regresar a tomar su exámen otra vez.

Manejando Intoxicado de Alcohol (DWI o DUI)

Consumir bebidas alcohólicas y manejar después de hacerlo es un problema muy serio aquí. Muchos inmigrantes piensan que pueden hacer lo mismo que hacían en su país y ellos están a salvo. En su país usted puede carefully when they drink too much and they rarely have accidents because everyone stays out of their way. In this country, if you have had more than a drink or two, you should have someone else drive you home. You can't drive extremely slowly because that will probably cause an accident, too.

Driving While Impaired (DWI) or Driving Under the Influence (DUI) is the official name of this offense.

If the police stop you and decide that you are over the legal blood/alcohol limit, you will lose your license and you'll be fined. Most states revoke your license immediately for at least 30 days, meaning your car will be left on the side of the road. If you are convicted for that DWI, you will usually lose your license for a year. If you are then caught driving without a license you will get a larger fine and lose your license for an even longer period of time.

Each state has different laws, although all states are getting tougher on drinking drivers. Most states don't allow any open containers of alcohol in the vehicle, require people who have had two DWI convictions to serve a jail sentence and require anyone convicted of DWI to go to substance abuse classes. In some cases your car can be taken by the police and sold and you do not get the money.

Your Driver License Card

Your driver license card is plastic laminated and contains your photo, a number and information such as your name, address, date of birth, eye color, height and weight. License class (car, motorcycle, truck), the license's issue and expiration dates and any restrictions (glasses) are included, also.

Driver licenses, valid for a variable number of years, should be with you every time you drive, or you could get a ticket for driving without a license. Even if you are not driving, it is the best form of identification to carry, so you really should have it with you at all times.

If your state wants to put your Social Security number on the license, ask them to put a different number there. Identity theft is easier when your SSN is printed there. (See "Identity Theft")

Always report any address or name change to your state DMV. If you are in an accident and the police go to the address on your card to notify your family, it should be the correct address.

If your license is received in duplicate, lost or stolen, you must report it to the DMV and get a new license. A notice will be mailed to you before your license expires (usually your birthday) and you will have to get it renewed. You may have to take a short written and eye test, but rarely have to take a driving test for renewal.

manejar extremadamente despacio y cuidadosamente cuando toma mucho y raramente tienen accidente porque todos se mantienen fuera de su camino. En este país, si usted ha tenido más de una o dos bebidas, usted debería tener a alguien que lo maneje a su casa. Usted no puede manejar extremadamente despacio porque eso también puede causar un accidente.

Manejando Mientras Incapacitado (que por sus siglas en Inglés "DWI" significa Driving While Impaired) o Manejando Bajo la Influencia (que por sus siglas en Inglés "DUI" significa Driving Under de Influence) es el nombre oficial de esa ofensa.

Si el policía lo para y decide que usted esta por encima del limite legal de sangre/alcohol, perdería su licencia y le darán una multa. Muchos estados revocan la licencia inmediatamente por 30 días, y su carro será remolcado y confiscado. Si a usted lo encuentran culpable por DWI, usualmente perderá su licencia por un año. Luego si lo agarran manejando sin licencia, le darán una multa mas alta u perderá su licencia por un período mas largo.

A pesar de que cada estado tiene leyes diferentes, todos los estados se están poniendo más estrictos hacia los conductores que toman y manejan. Muchos estados no permiten un envase de alcohol abierto en su vehículo, requiere que las personas que han tenido dos DWI convicción sirvan una sentencia de cárcel y requieren que cualquier persona con convicciones de DWI asista a clases de abuso de sustancias. En algunos casos su carro puede ser confiscado y vendido por la policía y usted no recibirá ningún dinero.

Su Licencia de Manejo

Su licencia de manejo es de plástico laminada y contiene su fotografía, un número e información tal como su nombre dirección, fecha de nacimiento, color de los ojos, estatura y peso. También el tipo de licencia (carro, moto, camión), la fecha de expedición y vencimiento y cualquier restricción están incluidas (lentes).

La licencia de manejo, válida por un número de años variables, debería permanecer en su poder cada vez que maneje, o le podrán dar un ticket por manejar sin licencia. Así no esté manejando, esa es la mejor identificación que puede llevar. O sea, esta debería permanecer en su poder todo el tiempo.

Si su estado quiere poner su número de seguro social en la licencia pídale que pongan un número diferente. Robo de identificación es más fácil cuando su número de seguro social esta impreso allí. (Vea "Robo de Identidad")

Siempre reporte cualquier cambio de nombre, dirección y seguro (aseguranza) al DMV de su estado. Si es usted esta envuelto en un accidente y la policía va a la dirección que esta en su licencia de manejo a notificarle a su familia, esta debería ser la dirección correcta.

Si su licencia es recibida en duplicados, se le pierde o se la roban, usted tiene que reportarlo al DMV y obtener una nueva licencia. Se le enviará un aviso por correo antes de la fecha de vencimiento (usualmente en su fecha de cumpleaños) y tendrá que renovarla. Tendría que tomar un exámen escrito corto y el exámen de la vista, pero raramente tendrá que tomar el exámen de manejo para poder renovar.

Car Buying & Leasing

Buying or leasing a car is the second largest expense most people have (the purchase or rental of their home is the largest expense). Many car shoppers don't understand the differences between buying and leasing, or how to determine which is right for them.

The secret to making a successful car purchase is to be prepared. This will help reduce the chance of making a mistake, paying too much for a car or being cheated. You'll feel less pressure and you'll be much more likely to negotiate a good deal.

Before you go to the dealer or meet with a private seller, know what model and options you want. You should have a good idea of the average price of the car you want and how much you are willing to spend. If you plan to get a loan for the car, know what financing options are available. You should know how the auto sales or leasing business works, and what your rights and responsibilities are as a buyer or lessee. Whether you plan to buy or lease, negotiating the best price is extremely important.

Leasing a Car

When you lease a car, you are actually renting the car for long-term use. Many experts suggest that you don't even mention you are interested in leasing until after you have agreed on the price of the car. After you agree with the dealer on the car price, then it's time to discuss leasing or getting a loan for it.

You also have to negotiate a lease that is the best one for you, your budget and driving patterns. Lease agreements are more complicated than new car purchase loans. You'll have to be very careful and negotiate a good lease agreement. Look at leasing information from more than one dealer, to see if one has lower fees or better terms or benefits.

Leasing Advantages

There are advantages to leasing a car instead of buying it:

Low down payment: you can often get the dealer to waive any down payment just by asking. You'll have to have enough cash for fees, the first payment and sometimes a security deposit. Of course, the more cash you come up with at the beginning, the lower your monthly payments will be.

Low monthly payments: you are only paying off the depreciation on the car, so your monthly payments are much lower than financing the purchase over the same period of time.

New cars: if you like a new car every two-four years, this is a good

Comprando y Alquilando un Carro

El Segundo gasto más grande que la gente tiene es la compra o el alquiler de un vehículo (compra o alquiler de su hogar es la más grande). Muchos compradores de carro no entienden la diferencia de comprar y alquilar, o como determinar cual de las dos es la mas apropiada para ellos.

El secreto de hacer una compra de vehículos satisfactoria es el estar preparado. Esto le ayudara a reducir la probabilidad de cometer algún error, pagar demasiado por un automóvil o que lo estafen. Sentirá menos presión y tiene mas probabilidad de hacer un buen trato.

Antes de que vayas con el negociante de automóviles, o te encuentres con el vendedor privado, sepa que modelo y alternativa necesita. Debería tener una buena idea del precio promedio del carro que quiere y cuanto esta dispuesto a gastar. Si tiene planes de obtener un préstamo para comprar su vehículo, sepa cuales son las opciones de financiamiento disponible. Debe tener conocimiento del funcionamiento del negocio de compra y alquiler de vehículos, y cuales son sus derechos y responsabilidades como comprador o arrendatario. Ya sea que planee comprar o vender, negociar el mejor precio es extremadamente importante.

Rentando un Carro

Cuando rente un carro, usted esta actualmente rentando el carro para usarlo por un largo tiempo. Muchos expertos sugieren que no mencione que esta interesado en rentar un carro hasta que esté de acuerdo con el precio. Después que esté de acuerdo con el vendedor de carro acerca del precio, entonces es hora de discutir la renta del mismo y obtener un préstamo.

También tiene que negociar la renta más ventajosa para usted, su presupuesto y hábitos de manejo. Los contratos de renta son mas complicados que los de un préstamo para un carro nuevo. Tendría que tener mucho cuidado y negociar un buen contrato de renta. Revise la información de renta de más de un negociante de carro, para ver si alguno tiene tarifas más bajas o mejores términos o beneficios.

Ventajas de Rentar un Carro

Hay ventajas rentando un carro en vez de comprarlo:

El pago inicial es bajo: A veces puede convencer al negociante que elimine el pago inicial solamente pidiéndoselo, tendría que tener suficiente dinero en efectivo para las tarifas, el primer pago y a veces un depósito de seguridad. Por supuesto, mientras más dinero en efectivo tenga al comienzo, los pagos mensuales serán más bajos.

Bajos pagos mensuales: Usted está pagando solamente la depreciación de su carro, por lo tanto los pagos mensuales son más bajos que el way to get it. If you keep cars five years or more, you shouldn't lease.

> *Compare buying and leasing and get the best deal you can. Be ready to negotiate.*

Easy turnover: if your car is in good shape when your lease term is over, you go to the dealer, give him the keys, and drive out with a brand new car and a new lease agreement. You won't have to bother with selling the car or talking with anyone about trade-in value. If you don't want another car, you just leave. Or you can buy the car (cash or a loan) at the end of your lease, for the price that was set in advance or probably even a better price.

Deduction for business: if you use your car for business, you can deduct a larger portion of the payments than you can for a car you buy.

Leasing Disadvantages

Whenever there are advantages, there are also disadvantages:

No equity: just like paying rent on an apartment, your lease payments don't go towards buying it.

Not much flexibility: you pay a big penalty if you have to cancel the lease before the end. It could cost as much as six extra payments, so think seriously before you cancel and don't do it unless absolutely necessary.

Extra charges: most leases are for 12,000-15,000 miles per year and they charge an extra 12-15 cents for each mile you drive over that. So be sure ahead of time that the mileage allowance is right for you. Buy more miles at the beginning of the lease if you think you will need them. If there is any damage to the car beyond normal wear and tear when you turn it in, you'll have to pay extra for it. If you regularly carry children or dogs, etc. in your car, you will probably do some damage to the inside and might be better with a car that you purchase.

Insurance: if you wreck the car or it gets stolen, your insurance will only reimburse you for the car's market value, which might not be enough to cover the amount you still owe on your lease. You can buy extra "gap coverage" to protect against this, some lease deals include it automatically. Ask the dealer about this.

Buying a New Car

Consider buying your car if you expect to drive it for five years or more. Most loans are for five years and once you pay off your auto loan, you'll have a car that is paid for. If you drive your car more than 18,000 - 20,000 miles a year, you will be better with a car you purchase. Mileage that high is very expensive on a lease.

In the long run, buying a new car is cheaper than leasing it, but you financiamiento de una compra en el mismo período de tiempo.

Carros nuevos: Si le gusta tener un carro nuevo cada 2-4 años, está es una buena manera de obtenerlo. Si se queda con un carro por 5 o más años, no debería rentar.

Fácil cambio: Si su carro está en buenas condiciones cuando se termine el término de su contrato, vaya al negocio de ventas de carro, regrese las llaves y salga manejando un carro nuevo y nuevo contrato de renta. No tiene que preocuparse por venderlo o por hablar con cualquiera acerca del valor de cambio del carro. Si no quiere otro carro, solamente váyase. O usted puede comprar el carro en (efectivo o con un préstamo) cuando finalice el contrato de renta, por el precio establecido al principio o probablemente uno mejor.

Deducción para un negocio: Si usa su carro para su negocio, puede deducir una gran porción de sus pagos que lo que podrá con un carro comprado.

Desventajas de Rentar un Carro

Donde hay ventajas también hay desventajas:

No hay equidad: Así como cuando paga la renta de su apartamento, sus pagos de renta de carro no van hacia la compra.

No hay mucha flexibilidad: Usted paga una penalidad grande si tiene que cancelar la renta antes que se termine. Podría costar tanto como sus pagos extras de la renta, por lo tanto piénselo muy seriamente antes de cancelar y no lo haga al menos que sea abso-lutamente necesario.

Compare entre comprar y rentar y efectué el mejor negocio que pueda. Este listo para negociar.

Cargas extras: Muchas rentas son por 12,000-15,000 millas por año y ellos cobran 12-15 centavos extra por cada milla que maneje arriba de esto. Por lo tanto asegúrese que las millas permitidas son las correctas para usted. Compre más millas al comienzo de la renta si cree que necesitara más. Si hay algún daño más de los causados por uso normal cuando regrese el carro, usted tendría que pagar extra por ésto. Si usted lleva regularmente a niños, perros, etc. en su carro, usted probablemente tendrá daños adentro y seria mejor que comprara un carro.

Seguro/Aseguranza: Si choca su carro o si se lo roban, su seguro solamente le reembolsara por el valor del carro, el cual no seria suficiente para cubrir el monto que todavía debe por la renta. Usted puede comprar extra "gap cobertura" para protegerse en contra de esto, algunas negociaciones de renta la incluyen automáticamente. Pregúntele al negociante de carros acerca de ésto.

Comprando un Carro Nuevo

Considere la compra de un carro nuevo si espera manejarlo por 5 años o más. Muchos prestamos son por cinco años y una vez pagado, tendrá un carro que ya esta pagado. Si maneja su carro mas de 18.000-20.000 millas por año estará mejor con un carro que compre. Millas tan altas son muy caras en una renta.

will have to have at least 10% as a down payment at the beginning. It needs more cash at the start and your monthly payments will be higher, but you will have a car that is paid for in five years. Or you can use the equity you have built up to trade it in on your next car.

Buying a Used Car

Maybe a used car would be better for you. If you have some money saved and don't want to make big monthly payments, an older used car is a great idea because you could pay for it all at once. If you are not going to finance the used car, you'll only be required to get liability insurance (see "Auto Insurance") which is much cheaper than all the coverages that are required when financing a car.

Another good reason to buy a used car is that it won't have all the fees added to the price that a new car has. When buying a new car, the dealership adds fees like cleaning, shipping, advertising and many more. A used car, even when bought from a dealer, will not have many of those fees.

Buying a used car can be a lot trickier than buying a new car. When buying a used car you have to be concerned about what might be broken or what's been fixed. Another concern with buying a used car is that the warranty is usually expired.

Where to Find Used Cars

There are many different places to find a used car:

The first place would be a new-car dealership. Most people trade in their old car when they buy a new car, which means most new-car dealerships have a large selection of used cars. They also have cars that were leased for three years and turned in. These cars usually have been inspected by the dealer's mechanical department and some of them will still have warranties. These used cars can be bought for cash, they can be financed through the dealership or you can arrange your own financing.

The second place would be a used car lot. They will have a large selection of cars to choose from, so if you're looking for a particular car or one that's hard to find, this would be a good place to look. Many cars on these lots are sold "as is". There is financing available at many of these lots but it is almost always at a very high interest rate, which means the payments will be high. People who are unable to get any other loan because of bad credit, often have to get this financing (another good reason for you to have good credit). A smart idea is to get all promises and/or guarantees in writing from the dealer before you sign anything or hand over any money, since these lots vary in accountability and credibility.

En un largo tiempo, comprando un carro nuevo esta más barato que rentándolo, pero tendría que tener al comienzo por lo menos 10% de pago inicial. Se necesita más dinero en efectivo al comienzo y sus pagos mensuales serán mas alto, pero tendrá un carro que está pagado en 5 años. O puede usar el valor actual del carro que tiene para intercambiarlo cuando compre uno nuevo.

Comprando un Carro Usado

Quizás un carro usado seria mejor para usted. Si tiene algún dinero ahorrado y no quiere hace grandes pagos mensuales, un carro usado es una gran idea porque lo podrías pagar de una sola vez. Si no va a financiar el carro usado, solamente se le requiere obtener seguro de responsabilidad civil (vea "Seguro de Carro") lo que es más barato que la cobertura o protección completa que es requerida cuando un carro ha sido financiado.

Otra buena razón para comprar un carro usado es que no tendrá que pagar todos los gastos que se le añaden a un vehículo nuevo. Cuando se compra un carro nuevo, el comerciante añade gastos de limpieza, envío, anuncio y muchos más. Un carro usado, así se lo compre a un comerciante, no tendrá muchos de estos gastos.

Comprar un carro usado podría ser mas complicado que comprar un carro nuevo. Cuando compre un carro usado debe tener en cuenta de lo que pudiera estar dañado o de lo que ha sido reparado. Otra consideración al comprar un carro usado es que usualmente la garantía esta vencida.

Donde Puede Encontrar Carros Usados

Hay muchos lugares diferentes en donde encontrar un carro usado:

El primer lugar sería una agencia de venta de carro nuevo. Muchas personas entregan su carro viejo cuando compran uno nuevo, lo que significa que muchas agencias de venta de carro nuevo tienen una larga selección de carros usados. También tienen carros que fueron alquilados por tres años y luego devueltos. Estos carros usualmente han sido inspeccionados por el departamento mecánico de la agencia y algunos de ellos todavía tienen garantía. Estos carros usados se pueden comprar en efectivo, financiados por la agencia o usted puede decidir su propio financiamiento.

El segundo lugar sería un lote de carros usados. Ellos tienen una larga selección de carros para escoger, si usted esta buscando por un modelo en particular o difícil de encontrar, este sería un buen lugar donde buscar. Muchos de los carros en este lote son vendidos "Así como están" ("as is"). Hay financiamiento disponible en muchos de estos lotes pera casi siempre es a una tasa de interés alta, lo que significa que los pagos serán muy altos. Las personas que no pueden adquirir cualquier otro préstamo porque tienen un mal crédito, muchas veces tienen que optar por este tipo de financiamiento (otra buena razón para tener buen crédito). Una Buena idea es el obtener de la agencia todas las promesas y/o garantías por escrito antes de firmar los documentos o pagar cualquier dinero, porque estas agencias varían en responsabilidad y credibilidad.

Another place would be a rental car company. Many of these companies sell their cars when they reach a certain mileage. These cars will probably have high mileage and will have been used by many different drivers, which are reasons to be very cautious. But they will come with complete records of all the maintenance and repair work that has been done, so you will know how the car was cared for. Financing is offered at some lots owned by rental car companies.

One more choice would be private sellers, and they are very easy to find. Classified newspaper ads have private owners selling their used cars and often you will see signs in windows of cars that people are trying to sell.

Before Buying a Used Car

There are five very important things you should do before buying a used car from a dealer:

1) The FTC (Federal Trade Commission) requires dealers to post the Buyers Guide in every used car they offer for sale. It will list many things you should know. Be sure to get the original Buyers Guide and read it carefully. If the "warranty" box is checked on the Buyers Guide, ask for a copy of the warranty and read it.

2) Have a mechanic put the car up on a lift and inspect it and check for accident damage. To find a pre-purchase inspection mechanic, check your Yellow Pages under "Automobile Diagnostic Service" and get a written report of recommended repairs.

3) Get a Vehicle History Report to see if the car was totaled (salvaged), rebuilt, flooded, stolen, failed an inspection, was a "lemon", is a gross polluter, how long the dealer had the car or if it has odometer fraud. You can get a free vehicle history report by going to your local DMV office or go to the Internet web address www.carfax.com or www.autocheck.com and type in the VIN (vehicle identification number). They will give you a list of all the problems that car has had.

4) Don't sign an "As is" paper at a used car dealer, get at least a 30 day warranty included. "As is" means you can't ever get them to do any repairs, even if it breaks down two minutes after you drive it away. Some states don't even allow dealers to sell a car "as is".

5) Have your own financing and loan approvals ready before you go shopping, not after. Talk to your banker or other lender and see what amount you qualify for. Your financing will probably be a better deal than the dealer will get for you, but you should compare them.

Otro lugar sería la compañía de alquiler de carros. Muchas de estas compañías venden sus carros cuando estos llegan a un cierto número de millas. Estos carros probablemente tendrán un alto millaje y han sido usados por muchos conductores diferentes, lo que es una razón para ser muy cuidadoso. Pero ellos incluyen un record completo de todos los trabajos de mantenimiento y reparación que se le han hecho, o sea que usted sabrá que tipo de cuidados el carro ha tenido. Los dueños de lotes de compañías de carro de alquiler ofrecen financiamiento.

Una opción mas sería vendedores privados, y ellos son muy fáciles de encontrar. En los avisos clasificados del periódico hay vendedores privados vendiendo sus carros usados y a veces verás avisos en las ventanas de los carros que las personas que están tratando de venderlos.

Antes de Comprar un Carro Usado

Hay cinco puntos muy importantes que deberías atender antes de comprar un carro usado en una agencia:

1. La Comisión Federal de Comercio (por sus siglas en Inglés FTC significa Federal Trade Commision) requiere que las agencies anuncien la Guía de Compradores en cada carro usado que ellos ofrecen a la venta. Enumerará muchas cosas que deberías saber. Asegúrese de obtener la Guía De Compradores original y léela cuidadosamente. Si la casilla de "garantía" está marcada en la Guía de Compradores, pida la copia de la garantía y léela.

2. Haga que un mecánico ponga el carro en un levantador para inspeccionarlo y chequearlo por daños de accidentes. Para encontrar un mecánico de inspección de pre-compra, busque en las Paginas Amarillas bajo "Automobile Diagnostic Service" y obtenga un reporte por escrito de las reparaciones recomendadas.

3. Obtenga un Reporte Historial de Vehículos para ver si el carro ha sido declarado pérdida total (salvaged), reconstruido, inundado, robado, no pasa inspección, fue un "limón", un gran contaminador, cuanto tiempo la agencia ha tenido el carro o si el odómetro ha sido alterado. Puedes obtener un reporte historial de vehículo gratis en su oficina local de DMV o vaya a la dirección de Web en el Internet www.carfax.com o www.autocheck.com y escriba en número de identificación del vehículo (por sus siglas en Inglés VIN significa Vehicle Identificacion Number). Ellos te darán una lista de todos los problemas que el carro ha tenido.

4. No firme un "Así Como Está" en una agencia de carros usados, obtenga por lo menos 30 días de garantía incluida. "Así Como Está" ("As Is") significa que ellos nunca le harán una reparación, así el carro se descomponga dos minutos después que usted se fue de la agencia. Algunos estados no permiten que las agencies vendan carros "como están".

5. Tenga su propia financiamiento y préstamo aprobado antes de ir de compras, no después. Hable con su banquero o otro prestamista y vea por cual cantidad califica. Su financiamiento probablemente será un mejor trato que el que la agencia le dará, pero debería compararlos.

Be Careful of Car Dealers

There are things car dealers (and other dealers) will try to do to immigrants that they wouldn't do to people who were born here, thinking immigrants are easy to cheat. Some things to be aware of:

If you want the dealer to help you with financing, you should know what is on your credit report before you go there. (See "Get a Copy of Your Credit Report") This is very important since your credit score controls how high an interest rate you'll pay on your car loan. Take a copy of your credit report with you (if you want to) and they can look at it, but not copy it. Don't let them do a credit check on you until you are ready to actually sign the order and only if you are doing dealer financing. If you are doing the financing at your own bank, you don't ever have to give the dealer any credit information.

Don't give them your driver license or Social Security number or card either. If they insist, leave. Many dealers want to photocopy your driver license or social security card before a test drive (telling you they need it for their protection). The attorney general says *never* let anyone copy your license to look at a car. Car rental companies don't even copy your license when you take their car for days. If you absolutely refuse, they will usually back down.

If you really want to see a car at a dealer who gives you a difficult time, make copies of your license yourself and if they ask for your license, give them the copy and be sure to get it back when you leave. If they refuse to return it, threaten to call the police. Write on the photocopy "dealer may NOT run a credit check on me" and sign it. (The FTC fines companies $2,500 for unauthorized credit checks.)

Most dealers are honest, but some, while you're out on the test drive, run a credit check on you. Every time there is a credit check on you, your score goes down a few points; next time you really have to have someone check your credit, you may have a problem with a low score.

Some dealers (and lenders) may try to sell you credit insurance. Credit insurance pays off your loan if you die or become disabled. Before you buy this extra insurance, check to see if any other insurance policies you have provide enough coverage. Credit insurance is not required for a loan. If you want extra insurance, you'll get a better price and policy from a life insurance company.

Tenga Cuidado con las Agencias de Carro

Hay cosas que las agencias de carro (y otras agencias) trataran de hacerle a los inmigrantes que ellos no le harían a la gente nacida aquí, piensan que los inmigrantes son fáciles de estafar. Esté consciente de ciertas cosas:

Si quiere que la agencia lo ayude con el financiamiento, debería saber lo que está en su reporte de crédito antes de ir allí (Vea "Obtenga una Copia de Su Reporte de Crédito"). Esto es muy importante ya que su puntaje de crédito controla que tan alta es la tasa de interés que usted obtendrá en su préstamo para la compra de un carro. Lleve una copia de su reporte de crédito (si usted lo desea) y deje que la agencia lo vea, pero no lo copie. No deje que hagan un chequeo de su crédito hasta que este listo para firmar la orden y solamente si usted va a ser financiado por la agencia. Si el financiamiento proviene de su propio banco, nunca le debería dar a la agencia ninguna información de su crédito.

No le dé a la agencia su número de licencia de conducir o su número de Seguro Social ni tampoco la tarjeta. Si ellos insisten, márchese. Muchas agencies quieren una fotocopia de su licencia de conducir o de su tarjeta de Seguro Social antes de un manejo de prueba (diciéndote que lo necesitan para su protección). El Ministro de Justicia dice que *nunca* deje que nadie copie su licencia de conducir para ver un carro. Ni siquiera las compañías de alquiler de vehículos copian su licencia cuando usted se lleva sus carros por varios días. Si usted se rehúsa firmemente, ellos usualmente cederán.

Si usted quiere ver un carro en una agencia que le pone dificultades, copie su licencia usted mismo y si ellos le piden su licencia, deles la copia y asegúrese de que se la regresen antes de irse. Si ellos se rehúsan a regresársela, amenace con llamar a la policía. Escriba en la copia de su licencia "la agencia NO hará un chequeo de crédito de mi nombre" y fírmelo. (El FTC multa a estas compañías $2.500 por chequear su crédito sin autorización.)

La mayoría de las agencies son honestas pero algunas le harán un chequeo de su crédito mientras usted esta probando el carro. Cada vez que le chequean su crédito su puntaje disminuye varios puntos; la próxima vez que usted realmente necesite que alguien le revise su crédito, usted podría tener problemas de bajo puntaje.

Algunas agencias (y prestamistas) trataran de venderte un seguro de crédito. El seguro de crédito pagara su préstamo si usted muere o se incapacita. Antes de comprar este seguro adicional, averigüe si cualquier póliza de seguro que ya usted posee, le da protección suficiente. El seguro de crédito no es requerido para un préstamo. Si quieres un seguro adicional, podrías obtener un mejor precio y póliza de su compañía de seguro de vida.

Before Buying From a Private Seller

When you find a car you are interested in, call to make an appointment to see the car and ask as many questions as you can to see if it really is a car you are interested in. When you go to look at the car, be sure you are ready to take it for a test drive. You should look at the interior, exterior and engine, ask all your questions again and write down the answers. Find as much as possible about the history of the car, including what parts have been replaced, the maintenance history and if it has been in any accidents.

Individual sellers expect that you will offer less than they are asking for the car, so be ready to negotiate a lower price.

With almost all individual sellers, there will be no warranty and no financing offered. You might be able to get a loan from a bank before purchasing it, so ask your banker. Buying a used car from an individual seller is more risky, since you have no way to go back to them if you have problems with the car. Buy from someone you know and trust if possible.

There are two very important things you should do if you are buying a used car from a private seller:

1) Have a mechanic put the car up on a lift and inspect it and check for accident damage. You can also get an inspection of the engine if you are not able to do that yourself. To find a pre-purchase inspection mechanic, check your Yellow Pages under "Automobile Diagnostic Service" and get a written report of recommended repairs.

2) Get a Vehicle History Report to see if the car was totaled (salvaged), rebuilt, flooded, stolen, failed an inspection, is a gross polluter, was a "lemon" or if it has odometer fraud. You can get a free vehicle history report by going to your local DMV office or go to the Internet web address www.carfax.com or www.autocheck.com and type in the VIN (vehicle identification number). They will give you a list of all the problems that car has had.

Check with your state's DMV about what paperwork you will need to register a vehicle and get a license plate. The number will be in your telephone book and is also listed in the booklet you got from the DMV before you took your written test for your driver license.

Vehicle Repossessions

When you borrow money to buy a car, the lender can repossess the car if you miss a payment or for any violation of the contract. Lenders can repossess the car without advance notice, meaning they can send someone to just take it from in front of your house. After it's repossessed, the lender might require you to pay off the entire balance of the loan in order for you to get it back. And the lender might be able to sue you if he sells the car

Antes de Comprarle a un Vendedor Privado

Cuando encuentre un carro en el que está interesado, llame para hacer una cita para ver el carro y haga todas las preguntas necesarias si ese es el carro en el que estás realmente interesado. Cuando vaya a ver el carro, asegúrese de que esté listo para probarlo. Debería observar el interior, exterior, el motor, haga todas las preguntas otra vez y escriba las respuestas. Averigüe lo más que pueda acerca de la historia del carro, incluyendo las partes que han sido reemplazadas, la historia de mantenimiento y si ha estado envuelto en algún accidente.

Vendedores individuales esperan que les ofrezcas menos de lo que ellos están pidiendo por el carro, o sea que vaya preparado para negociar un precio más bajo.

Con casi todos los vendedores individuales, no se le ofrecerá garantía ni financiamiento. Podrías conseguir un préstamo en tu banco antes de comprarlo, averigüe con su banquero. Comprar un carro usado de un vendedor individual es más riesgoso, ya que no hay forma de ir a reclamarle si tienes algún problema con el carro. Cómprale a alguien que conoces y tienes confianza si es posible.

Hay dos cosas muy importantes que deberías hacer si le compras un carro usado a un vendedor privado:

1. Haga que un mecánico ponga el carro en un levantador para inspeccionarlo y chequearlo por daños de accidentes. Para encontrar un mecánico de inspección de pre-compra, busque en las Paginas Amarillas bajo "Automobile Diagnostic Service" y obtenga un reporte por escrito de las reparaciones recomendadas.

2. Obtenga un Reporte Historial de Vehículos para ver si el carro ha sido declarado pérdida total (salvaged), reconstruido, inundado, robado, no pasa inspección, fue un "limón", un gran contaminador, cuanto tiempo la agencia ha tenido el carro o si el odómetro ha sido alterado. Puedes obtener un reporte historial de vehículo gratis en su oficina local de DMV o vaya a la dirección de Web en el Internet www.carfax.com o www.autocheck.com y escriba en número de identificación del vehículo (por sus siglas en Inglés VIN significa vehicle identificación number). Ellos te darán una lista de todos los problemas que el carro ha tenido.

Averigüe con la oficina del DMV de su estado acerca de que papeles son necesarios para registrar un vehículo y obtener una placa. El número telefónico estará en su guía telefónica y también en el librito que obtuviste en el DMV antes de tomar el exámen escrito para su licencia de manejo.

Reposesiones de Vehículos

Cuando usted pide dinero prestado para comprar un carro, el prestamista puede reposeer el carro si no hace su pago o por cualquier violación del contrato. Prestamistas pueden reposeer el carro sin ningún aviso, significando que pueden enviar a alguien a recoger el carro en la puerta de su casa. Después que está reposeído, el prestamista podría pedir el pago completo de and gets less than you owe, so don't think you are safe just because the car was sold.

People often think if they give the car back (voluntary repossession), they are done with it and it won't affect their credit rating. That is absolutely incorrect. If you know you are going to be late with a payment, talk to the lender and try to work things out. If the lender agrees to a delay or to change the contract, be sure you get the new agreement in writing.

Warranties

Dealers may offer a full or limited warranty on all or some of a vehicle's systems or components. Most used car warranties are limited and their coverage varies.

Full and Limited Warranties

A full warranty includes the following:

Anyone who owns the vehicle during the warranty period is entitled to warranty service and it will be provided free of charge, including costs for removing and reinstalling an item covered by the warranty. You only have to tell the dealer that warranty service is needed in order to get it, unless the dealer can prove that it is reasonable to require you to do more than just tell him. You have the choice of a replacement or a full refund if, after a reasonable number of tries, the dealer can't repair the vehicle or a covered item (see "Lemon Law").

If any of these items isn't included, the warranty is limited, not full. The dealer might specify that only certain systems are covered. Some parts or systems might be covered by a full warranty, and other parts by a limited warranty.

If the manufacturer's warranty is still in effect on a used car, the dealer will list it in the "systems covered/duration" section of the Buyers Guide (see "Before Buying a Used Car"). Make sure you receive and read a copy of the dealer's warranty document if you buy a car that is offered with a warranty.

If you have a problem that you think is covered by a warranty, and the dealer disagrees, try to work it out with the dealer and resolve it at that level. If it can't be resolved, call the FTC at 202-326-2222.

Implied Warranties

State laws hold dealers responsible if cars they sell don't meet reasonable quality standards. These implied warranties are unspoken, unwritten promises from the seller to the buyer. Dealers in some states can use the words "as is" or "with all faults" in a written notice to buyers, which eliminates implied warranties.

la deuda para que se lo pueda regresar. El prestamista podría demandarlo si él vende el carro por menos de lo que usted le debe, por lo tanto no piense que se salvó del pago solamente porque el carro fue vendido.

La gente piensa que porque regresa el carro (reposesion voluntaria), que ellos ya se deshicieron de ésto y no les afectara su puntaje de crédito. Esto es absolutamente incorrecto. Si usted sabe que va a estar atrasado con sus pagos, hable con el prestamista y trate de llegar a un acuerdo. Si el prestamista está de acuerdo en atrasar o cambiar el contrato, asegúrese de obtener el nuevo acuerdo por escrito.

Garantías

El negociante de carros podría ofrecer una garantía completa o limitada en todos o algunos de los sistemas o componentes de los vehículos. Muchas garantías de carros usados son limitadas y sus coberturas varían.

Garantías Completas y Limitadas

Una garantía completa incluye lo siguiente:

Cualquiera que sea dueño del vehículo durante el período de garantía tiene el derecho a este servicio y será proveído gratis, incluyendo el costo por remover y reinstalar artículos cubiertos por la garantía. Usted solamente le dice al negociante de carro que necesita los servicios de garantía para poder obtenerlos, al menos que él pueda probar que usted necesita más de lo que solamente decirle a él. Usted tiene la decisión de reemplazarlo o recibir reembolso completo si después de tratar un número razonable de veces el negociante de carro no puede reparar el vehículo o un artículo cubierto por la garantía (vea "La Ley del Limón").

Si cualesquiera de estos artículos no están incluidos, la garantía es limitada, no completa. El comerciante de carro podría especificar que solamente ciertos sistemas son cubiertos. Algunas partes o sistemas podrían ser cubiertas por la garantía completa y otras partes por la garantía limitada.

Si la garantía de la manufacturadora todavía esta vigente en un carro usado, el comerciante de carro la pondra en la lista "sistemas cubiertos/duración" en la sección de la guía de compradores (vea "Antes de Comprar un Carro Usado"). Asegúrese de recibir y leer una copia del documento de garantía si compra un carro que la ofrece.

Si tiene un problema que piensa que la garantía lo cubre, y el negociante de carro está en desacuerdo, trate de arreglarlo y resolverlo en ese nivel. Si no se puede resolver, llame el FCT al 202-326-2222.

Garantías Sobrentendidas

Las leyes del estado hacen a los comerciantes de carros que se hagan responsables si el carro que venden no satisface o no es del criterio razonable. Estas garantías sobrentendidas no tienen que ser dichas, promesas que no están por escrito de vendedor a comprador. Ellos pueden usar en algunos estados las palabras "Así-como-Está" o "Con Todos los defectos" ("with all faults") en un aviso escrito para los compradores, lo cual elimina garantía sobrentendida.

Warranty of Merchantability

The most common type of implied warranty is the warranty of merchantability. The seller promises that the product offered for sale will do what it is supposed to do. A warranty of merchantability on a car would be that the car will run. This promise applies to the basic functions of a car and doesn't cover everything that could go wrong.

A breach of merchantability occurs only if the buyer can prove that a defect existed at the time of the sale and isn't new.

The Lemon Law

"Lemon" is a slang name for anything that is useless or defective. If you buy a new vehicle, are constantly having problems with it, the dealer keeps fixing it and it still has problems, you might have a lemon.

State Lemon Laws and the Federal Warranty Law protect consumers from being stuck with lemon cars, trucks, SUVs, computers and other consumer products. The laws that protect your consumer rights are different in each state.

If your car or computer is a lemon, you may be entitled to your money back, a replacement or a cash settlement. So you have nothing to lose, except the lemon! To find your state's lemon law and information on how to file a report, go to either of these Internet websites: www.lemonlawamerica.com or www.nationallemonlawcenter.com.

Child Car Safety Laws

Traffic accidents are the leading cause of death for children over the age of one in the United States. All 50 states, the District of Columbia, Puerto Rico and the U.S. Territories have child passenger safety laws ("car seat laws"). But the laws aren't the same in every jurisdiction. Check the law in your area. Call the DMV for information or go to the Governors Highway Safety Association (GHSA) website and look in the section marked "state info" for the website address of every state. When you go to the state site, you'll find local information about highway safety and driving laws. GHSA is at: www.statehighwaysafety.org.

There are many other websites with information about transporting children safely in vehicles. You can look at these addresses: www.inventiveparent.com/state-laws.htm or www.cartipsandmore.com/child_passenger_safety_laws.html.

Moving Kids Safely has a website with many links to guides and information: www.aap.org/family/cps.htm.

Garantía Mercantíl

La garantía más común es la "Garantía Mercantil", el vendedor promete que el producto ofrecido en descuento hará lo que supuestamente tiene que hacer. Una Garantía Mercantil en un carro sería que el carro va a andar. Esta promesa aplica a las funciones básicas de un carro no cubre todo lo que se pueda echar a perder.

Incumplimiento del comerciante ocurre solamente si el comprador puede probar que el defecto existía en el momento de la venta y no es nuevo.

La Ley del Limón

"Limón" es un nombre coloquial para cualquier cosa ineficaz o defectuosa. Si compra un vehículo nuevo y esta teniendo problemas constantemente con éste, el negociante de carros sigue arreglándolo y todavía tiene problemas, usted podría tener un limón.

Las Leyes Estatales de Limón y las Leyes Federales de Garantía protegen a los consumidores que se queden estancados con carros limones, camionetas, SUV, computadoras y otros productos al consumidor. Las leyes que protegen el derecho de los consumidores son diferentes en cada estado.

Si su carro o computadora es un limón, podría tener el derecho de que le regresen su dinero, un reemplazo o un acuerdo en efectivo. ¡Por lo tanto no tiene nada que perder, excepto el limón! Para encontrar las leyes estatales de limón e información de cómo reportarlo, vaya a las paginas de Internet: www.lemonlawamerica.com o www.nationallemoncenter.com.

Leyes de Seguridad para Niños a Bordo de un Carro

Los accidentes de tránsito son la causa mayor de muerte para los niños sobre la edad de un año en los Estados Unidos. Todos los 50 estados, el Distrito de Columbia y Puerto Rico y los territorios de USA tienen leyes para los niños que son pasajeros ("Leyes de Asiento de carros"). Pero las leyes no son la misma en cada jurisdicción. Conozca la ley en su área. Llame al departamento de motores y vehículos (DMV) para información o vaya a la Asociación de Seguridad de Carreteras del Gobierno que por sus siglas en Inglés (GHSA) significa "Governors Highway Safety Association" dirección Web y busque en la sección marcada "state info" que significa "Información del Estado" para la dirección Web de cada estado. Cuando visite a la dirección del Internet del estado, encontrara información local acerca seguridad en las carreteras y leyes de manejo. La GHSA esta en: www.statehighwaysafety.org.

Hay muchas otras direcciones de Web con información acerca de la transportación de niños en vehículos cuidadosamente. Puede buscar en estas direcciones: ww.inventiveparent.com/state-laws.htm o www.cartipsandmore.com/child_passenger_safety_laws.html.

Moviendo a niños cuidadosamente tiene una dirección Web con muchas conexiones a guías e información: www.aap.org/family/cps.htm.

Child Safety Seats

Most states have child car seat laws that cover babies and children up to four years old or weighing up to 40 pounds. In some states, older children can legally ride in the back seat without being belted in because the seat belt laws in those states apply only to the driver and front seat passengers. Some states require a booster seat for older children, so check the law in your state. There is a large penalty if you are caught without the proper seat belts or seats used for every person in the vehicle.

Always make sure you are wearing your seatbelt and your children are buckled into the proper seats. It could save your lives.

Any law would be only the minimum requirement so it is always smart to do more than the law tells you to do, especially since it is the life of your child that is being protected. Children through 80 pounds are always safer riding in booster seats than if they use the car's seats and seat belts that are designed for adults. The rear seat is the safest place for children of all ages. Don't let any child ride in a vehicle without being buckled in.

Infants from birth to about 22 pounds should be in a rear-facing infant seat that is properly buckled in the back seat and older children should be in seats facing forward, also in the back seat.

Everyone using a child safety seat should carefully read the instructions for the safety seat or booster seat and read the vehicle owner's manual for instructions about using a child seat. Everyone in the car should be buckled up correctly, with children in seats that are buckled correctly.

A recent government report stated that about 80 percent of all child safety seats are installed incorrectly or the seats are misused, mainly because the instructions are too hard for most people to understand. Go to your local fire department or police department and ask them to check that you have installed your seat correctly. They would rather help you put the child seat in correctly than pick your dead child up from the roadside after an accident.

You can also call 1-866-SEAT-CHECK (1-866-732-8243) to speak with a child passenger safety technician who will give you advice on the seat you are using for your child and tell you if another seat is rated better. This is NHTSA (National Highway Traffic Safety Administration) and assistance is available in English and Spanish and possibly other languages.

Asientos de Seguridad para Niños

La mayoría de los estados tienen leyes de asientos de carro de niños que cubren a los bebés y niños hasta los cuatro años de edad o 40 libras de peso. En algunos estados niños de mas edad pueden legalmente viajar en la parte de atrás sin usar el cinturón porque las leyes sobre el cinturón de seguridad en esos estados solo aplican para el conductor y pasajeros que viajen en la parte de adelante. Algunos estados requieren una silla mas grande y fuerte para niños de mas edad. Así que es mejor que se entere de la ley en el estado donde usted vive. Hay una sanción muy grande si lo agarran dentro del vehículo sin los cinturones o sillas de seguridad apropiadas.

Cualquier ley siempre tendrá el requerimiento mínimo por lo tanto es siempre aconsejable hacer más de lo que la ley dice, especialmente porque es la vida de su niño que está siendo protegida. Niños entre 80 libras siempre están mas seguros en el asiento de niños que si usaran el asiento del carro y cinturón de seguridad designado para los adultos. El asiento de atrás es el más seguro para niños de todas las edades. No deje que ningún niño vaya en un vehículo sin cinturón de seguridad.

> *Siempre asegúrese de usar su cinturón de seguridad y que los niños esten acomodados en los asientos apropiados esto puede salvar sus vidas.*

Desde que los infantes nacen hasta que pesan 22 libras deberían ir viendo hacia atrás con el asiento de infante que debería ir apropiadamente abrochado en el asiento de atrás y un niño más grande debería ir en su asiento viendo hacia delante, también en el asiento de atrás del carro.

Cualquier persona que use el asiento de seguridad de niños debería leer las instrucciones y leer el manual del vehículo para saber como usar el asiento de niños en el carro. Cada uno en el carro debería tener el cinturón de seguridad puesto correctamente, incluyendo el asiento de los niños.

Un reporte reciente del gobierno dice que 80 por ciento de todos los asientos de seguridad de niños son instalados incorrectamente o el asiento es mal usado, principalmente porque las instrucciones son muy difíciles de entender para muchas personas. Vaya a la estación de bomberos o de policía y pídales que revisen si ha instalado el asiento de seguridad de niños correctamente. Ellos preferirían ayudarlo a instalarlo correctamente que recoger a su niño muerto en la calle después de un accidente.

También puede llamar al 1-866-732-8243 para hablar con el técnico del asiento de seguridad del niño quien le dará consejos en el asiento de seguridad que esta usando para su hijo y le dirá si otro asiento es considerado mejor. Esto es el NHTSA que por sus siglas en Inglés significa (Administración de Tráfico en Seguridad de Carreteras), y asistencia está disponible en Inglés y Español y posiblemente en otros lenguajes.

Income Taxes

When you work for a company, income taxes are deducted from your paychecks (see chapter "Social Security"). The beginning of January each year, everyone who has paid taxes the preceding year is sent a booklet from the Internal Revenue Service (IRS) with forms and instructions to file taxes by April 15. Your employer will provide a W-2 form stating the amount of taxes that were withheld from your pay during the year.

You'll also receive statements from your bank, mortgage company and various others, stating the amount of interest you were paid or the amount of interest you paid. Those amounts have to go on certain lines of the income tax form that you file with the IRS.

If you have not received statements from all your employers, your banks and lenders by the first of February, call them and find out where the report is. You can't file your tax return without all of those statements.

If you aren't confident filling out the tax return, there are many people and companies that will do it for you. Look in the Yellow Pages under "Tax Return Preparation", call some of them and ask what they charge. Don't wait until the end of March or April, you might be charged much more than if you get it done earlier. Some companies will even do a simple filing for you (if you have all the right papers with you) while you wait.

Your library or post office will usually have the state and federal tax return forms and instruction books if you don't get them in the mail. The companies that can help you file have the forms too. They are free.

Low income taxpayers can get free help from the Volunteer Income Tax Assistance program. The Tax Counseling for the Elderly program will give free help to elderly taxpayers. Call the IRS at 1-800-829-1040 for locations of these offices in your area.

If you are entitled to a refund, some companies will give you the money right then (then they wait and get your refund from the government), but they will charge you a very high fee to do that. It's much better if you can wait for the government refund yourself, it usually only takes a few weeks to get it if you file in February or early in March. If you have the government deposit it directly into your bank account, it will be much faster than if they have to make out a paper check and mail it to you. Be sure you put the correct numbers of your checking or savings account on the tax return.

There are many companies and volunteer groups that can help you with your tax return.

Impuestos (Taxes)

Cuando trabaja para una compañía, los impuestos son descontados de sus cheques de pago (vea el capitulo de "Seguro Social"). Al comienzo de Enero de cada año, todos los que han pagado impuestos el año anterior, el Servicio Interno de Ingresos, (IRS) que por sus siglas en Inglés significa Internal Revenue Service; Les envía un libro con los formularios e instrucciones para que declare los impuestos no más tarde de Abril 15. Su empleador le dará un formulario declarando el monto de impuestos que le descontaron del pago durante el año.

También recibirá estados de cuenta de su Banco, hipoteca y muchos otros, donde declaran el monto de interés que recibió o el que pagó. Esos montos se colocan en ciertas líneas del formulario de impuesto que usted declara al IRS.

Si no ha recibido los reportes de todos sus empleadores de su banco y de su prestamista para el 1ero de Febrero, llámelos y averigüe donde están los reportes. Usted no puede hacer su declaración de impuestos sin éstos.

Si no está seguro de cómo llenar sus Impuestos, hay muchas personas y compañías que lo harán por usted. Busque en las páginas amarillas bajo "Tax Return Preparation", llame a algunos de ellos y pregunte cuanto cobran. No espere hasta finales de Marzo o Abril, le podrían cobrar mucho más que si lo hiciera más temprano. Algunas compañías hasta le harían la declaración sencilla mientras espera (si tiene todos los papeles que necesita).

La biblioteca y la oficina de correo usualmente tendrán planillas de los impuestos federales y estatales y los libros con las instrucciones en caso que no los reciba por correo. También las compañias que le pueden ayudar a llenar los impuestos tienen estos formularios; los cuales son gratis.

> *Hay muchas compañías y grupos voluntarios que pueden ayudarlo con su reembolso de impuesto.*

Las personas de bajo sueldo que pagan impuestos pueden obtener ayuda gratuita del Programa de Voluntarios para la Asistencia de Impuesto. El programa del Concejo Municipal para los Ancianos les dará ayuda gratuita a los ancianos que pagan taxes, llame al IRS al 1-800-829-1040 para localizar las oficinas en su área.

Si tiene derecho a un reembolso algunas compañías le dan el dinero al instante (entonces ellos esperan y obtienen el derecho de recibir su reembolso), pero ellos le cobran una tarifa muy alta para hacer ésto. Es mucho mejor si puede esperar por el reembolso del gobierno, esto toma usualmente pocas semanas para recibirlo si usted declara en Febrero o principio de Marzo. Si hace que el gobierno se lo deposite directamente en su cuenta bancaria, sería mucho más fácil que si tienen que hacer un cheque y enviarlo

If you owe money to the government, you don't have to pay it until April 15, so you can keep the forms that are filled out and mail it all together in April. If you don't have the money you owe, there are instructions telling you what to do and the dates to do it. Be sure you follow all the rules regarding the IRS, you don't ever want to be in trouble with them.

Your tax return has to be filed by April 15 every year. If you are getting a refund, send it in earlier if it is ready.

Every year your tax return envelope has to be postmarked by midnight April 15.

If your state collects state income tax from your paycheck, you will also receive the book and forms from the state government. The W-2 and other statements you receive will have state amounts listed and they'll have to be put on the correct lines and filed just like the federal form. The filing date is the same and the company helping you with your federal form can do the state form, too.

I plan to make calendars, cassette tapes, CDs, T-shirts, coffee mugs and maybe a board game of this book. If you have any other ideas, write me or answer on the survey page of the website: www.HowToLiveAndThrive.com. I'll send you a free gift for your ideas.

por correo. Asegúrese de poner los números correctos de su cuenta corriente o de ahorros en su aplicación de impuesto.

Si debe dinero al gobierno, usted no lo tiene que pagar hasta Abril 15, por lo tanto usted puede quedarse con los formularios llenos y enviarlos todos juntos por correo en Abril. Si no tiene el dinero que debe, hay instrucciones que le dicen que hacer y las fechas de hacerlo. Asegúrese de seguir todas las reglas con respecto al IRS, usted nunca querría tener problemas con ellos.

Su declaración de impuesto debe realizarse no mas tarde del 15 de abril de cada año. Si va a obtener un reembolso, envíelo tan pronto como este listo.

Cada año su sobre de reembolso de impuesto tiene que tener el sello postal no más tarde de la media noche de Abril 15.

Si su Estado le quita impuestos, de su cheque de pago, también recibirá el libro y las planillas del gobierno estatal. El W-2 y otros documentos que usted recibe tendrán los montos enumerados, tienen que colocarlos en las líneas correctas y declararlos como los formularios federales. La fecha de declaración es la misma y la compañía que lo esta ayudando con los formularios Federales puede hacer las planillas del estado también.

Tengo planes de hacer calendarios, cassettes, CDs, franelas o playeras, tazas de café y quizás un juego de mesa sobre este libro. Si tiene algunas otras ideas, escríbame o responda la encuesta en la página Web: www.HowToLiveAndThrive.com. Le enviaré un regalo por sus ideas.

Labor Laws

The Fair Labor Standards Act (FLSA) establishes minimum wage, overtime pay, record-keeping and child labor standards. They affect more than 100 million full-time and part-time workers in the private sector and in federal, state and local governments.

Covered workers are entitled to a minimum wage per hour, and overtime pay at a rate of at least one and one-half times their regular rates after 40 hours of work in a work week.

Certain workers, including farm workers, might not be covered under this law. These other workers might be guaranteed certain minimums, but not overtime; others get partial overtime pay; some don't have coverage for the minimum wage or the overtime. But this law does cover the majority of employees in this country.

The FLSA does not regulate vacation, holiday, severance or sick pay, raises or final wages to terminated employees. It also doesn't limit the number of hours in a day, or days in a week, that an employee is required or scheduled to work, unless the employee is under 16 years old.

The FLSA states that children 16 and 17 years old may perform any nonhazardous job for as many hours as they want.

Children 14 and 15 years old may work outside of school hours for a maximum of 3 hours per day and 18 hours per week when school is in session. They can work a maximum of 8 hours per day and 40 hours per week when school is not in session. They can't work before 7 a.m. or after 7 p.m., except during summers when they can work until 9 p.m. (June 1 through Labor Day). They can work in various non-manufacturing, non-mining, nonhazardous jobs under very strict conditions.

Only if they are enrolled in certain approved programs, can 14 and 15 year olds work more hours. The minimum age for most nonfarm work is 14. Children of any age are allowed to deliver newspapers, babysit, perform in radio, television, movie or theatrical productions.

They *are allowed* to work for parents in their solely-owned nonfarm business (except in manufacturing or hazardous jobs) and various other activities.

Call the Labor Department for more information. The number is in your telephone book in the U.S. Government section.

Leyes Laborales

El Decreto de las Normas de Justicia Laboral, que por sus siglas en Inglés (FLSA) significa "The Fair Labor Standard Act"; Establece pago mínimo, pago de sobre tiempo, mantenimiento de record, y estándar de trabajo para los niños. Estás afectan a mas de 100 millones de trabajadores de tiempo completo o medio tiempo en el sector privado y Federal, Estatal y gobierno local.

Los trabajadores amparados tienen el derecho a un pago mínimo por hora, y pago de sobre tiempo de por lo menos uno y medio de su pago por hora después de haber trabajado mas de 40 horas en una semana.

Ciertos trabajadores, incluyendo trabajadores del campo, puedan que no sean cubiertos por esta ley. Estos otros trabajadores podrían ser garantizados cierto pago mínimo, pero no sobre tiempo; otros obtienen pago de sobre tiempo parcial; otros no están cubiertos por el pago mínimo o de sobre tiempo. Pero esta ley cubre a la mayoría de los trabajadores en este país.

La FLSA no regula vacación, días festivos, indemnización por despido o pago por enfermedad, aumentos o pagos finales del despido de empleados. Tampoco limita el número de horas por día o semana que un empleado es requerido trabajar, al menos que el empleado tenga menos de 16 años.

La FLSA dice que niños de 16 y 17 años pueden hacer cualquier tipo de trabajo que no sea peligroso por las horas que quieran.

Niños de 14 y 15 años de edad pueden trabajar después de las horas de escuela por un máximo de 3 horas por día y 18 horas por semana cuando la escuela no esta en operación. Ellos pueden trabajar un máximo de 8 horas por día y 40 por semana cuando la escuela no está en operación. Ellos no pueden trabajar antes de las 7 a.m o después de 7 p.m., con la excepción de verano cuando pueden trabajar hasta las 9 p.m (Junio 1 hasta el día del trabajador). Ellos pueden trabajar en varios trabajos que no sean de factoría, mina, peligroso y bajo condiciones muy estrictas.

Solamente si los niños de 14 y 15 años de edad están inscritos en ciertos programas aprobados, pueden trabajar más horas. La edad mínima para trabajo que no sea de campesino es de 14. niños de cualquier edad están permitidos a repartir periódicos, cuidar a bebés, interpretando en la radio, televisión, películas o producciones teatrales.

A ellos *se les permite* trabajar para sus padres en su negocio como propietario único que no sea como campesino (excepto en manufacturadoras o trabajos peligrosos) y otras varias actividades.

Llame al departamento de labor para mas información. El número está en su guía telefónica bajo la sección del gobierno de USA.

Una peticion del autor:

Por favor llene la encuesta de la pagina 189 y mándela de vuelta. Yo estoy muy interesada en saber que es lo que piensa de este libro:
Me gustaría saber de donde lo consiguió.
Me gustaría saber si le ha ayudado y como le ha ayudado.
Me gustaría saber si le gustó que pusiera dos lenguajes.

Dígame que otra cosa compraría que fuese con este libro: cassetes, CD, calendarios, playeras, tasas de café, tarjetas postales, e-book, etc.

Por favor dígame que piensa. Copie la página de al lado o arránquela. Mándemela con $2.00 y yo le mandaré un reporte gratis que fue procesado después que se terminó el libro. Yo he pensado en varias cosas que pude haber puesto en el libro y quiero mandarle un regalo por darme sus ideas. Dígame que no puse y que debería haber puesto en el libro. El reporte que usted reciba podría ser algo que hubiese deseado que estuviera incluido.

Estoy planeando añadir sus ideas en la próxima edición de este libro. Por favor dígame si encuentra algunos errores en las paginas Web, números telefónicos, direcciones, ortografía o cualquier información incorrecta.

A request from the author:

Please fill out the survey on page 189 and send it to me. I am very interested in what you think about this book:
I'd like to know where you got it.
I want to know if it has helped you and how it helped you.
I want to know if you liked that I put two languages in it.

Tell me what else you might buy to go with this book: cassette tape, CD, calendar, T-shirt, coffee mugs, greeting cards, e-book, etc.

Please tell me what you think. Copy the facing page or tear it out. Send it to me with $2.00 and I'll send you a free report that was prepared after this book was finished. I have thought of several things I could have put in the book and want to send you a gift for giving me your ideas. Tell me what I missed and should have put in this book. The report you receive might even be something you wish had been included.

I plan to add your ideas to the next edition of this book.
Please tell me if you find any mistakes in web addresses, telephone numbers, addresses, spellings or any incorrect information.

Survey   **Encuesta**

Copy this page or tear it out and send it with $2.00 and receive a free report.
Copie esta pagina o arránquela y mándela con $2.00 y reciba un reporte gratis.

Name/Nombre

Address/Dirección

City/Ciudad   *State*/Estado   ZIP/código postal

Telephone/Teléfono   Fax

Email/Correo Electrónico

Where was this book purchased?			¿Donde compro el libro?	
Was it a gift?			*Yes*	*No*
¿Fue un regalo?			si	no
Is it helpful to you?	*Yes*	*A litle bit*	*No*	
¿Le ha ayudado?	si	un poquito	no	
Will you recommend this book to your friends & relatives?			*Yes*	*No*
¿Recomendaría este libro a sus amigos y familiares?			si	no
Do you like the size?	*Excellent*	*Good*	*Fair*	*Don't like*
¿Le gusta el tamaño?	excelente	bueno	justo	no le gusta
Do you like the spiral binding?	*Excellent*	*Good*	*Fair*	*Don't like*
¿Le gusta la cobertura de espiral?	excelente	bueno	justo	no le gusta
Do you like 2 languages in one book?	*Excellent*	*Good*	*Fair*	*Don't like*
¿Le gusta dos lenguajes en un libro?	excelente	bueno	justo	no le gusta

---

What part has been most helpful?   ¿Qué parte ha sido mas útil?

What should we have included?   ¿Qué más deberíamos incluir?

What should we have omitted?   ¿Qué más podríamos omitir?

What other items would you buy to go with this book?
¿Qué otros artículos comprarías que vayan con este libro?
Use the back of this page too.   También use la parte trasera de esta página.

Por favor use esta página para darnos más ideas y pensamientos.
Please use this page to give us more of your ideas and thoughts.

_____

_____

_____

_____

_____

_____

_____

_____

_____

_____

_____

_____

_____

Envie esta encuesta con $2.00 para su reporte gratis a:
Send this survey with $2.00 for your free report to:

Live & Thrive Press
P.O. Box 32215
Tucson, AZ 85751-2215

Para ordenar este libro "Cómo Vivir y Prosperar en Estados Unidos"

Utilice esta página o haga una copia de esta orden y envíela a:

Live & Thrive Press
P.O. Box 32215
Tucson, AZ 85751-2215

Haga una copia de esta orden y envíela por fax a: 1-877-499-3975
Llame: 1-800-260-3622   Se habla Español
Correo Electrónico: www.HowToLiveAndThrive.com

Nombre _____

Dirección _____

Ciudad _____ Estado _____

Teléfono _____ código postal _____

Correo Electrónico _____

Envíelo a (Si es diferente a la de arriba):

Nombre _____

Dirección _____

Ciudad _____ Estado _____

Teléfono _____ código postal _____

Correo Electrónico _____

Hágale una copia a este formulario de orden y envíe libros a otras direcciones también.

Números de libros ordenados

Cada libro cuando ordene del 1-3	$16.00 $ ___
Cada libro cuando ordene del 4-8	$13.00 $ ___
Impuestos de venta, en AZ, añadir 7.5% del precio del libro	$ ___
Envío/proceso del primer libro (en 48 estados)	$ 4.00 $ ___
Llame 1-800-3622 para Tarifas Internacionales	
Envío por cada libro adicional (en 48 estados)	$ 2.00 $ ___
Total de esta orden	$ ___

☐ Cheque o "Money Order" a nombre de **Live & Thrive Press**

☐ VISA ☐ MasterCard   Fecha de Vencimiento _____

Número de su tarjeta de credito

_____
Firma del Tarjeta-Habiente

191

How to order "How to Live & Thrive in the U.S."

Tear out or photocopy this order form and mail to:
Live & Thrive Press
P.O. Box 32215
Tucson, AZ 85751-2215

or fax this order form to: 1-877-499-3975
or call: 1-800-260-3622
or order on website: www.HowToLiveAndThrive.com

Name _____

Address _____

City _____ State _____ ZIP _____

Telephone _____

Email _____

Ship to (if different than above):

Name _____

Address _____

City _____ State _____ ZIP _____

Telephone _____

Email _____

Photocopy this order blank to send books to other addresses.

Number of books ordered

Each book, when ordering 1-3 _____ $16.00 $ _____

Each book, when ordering 4-8 $13.00 $ _____

Sales tax, if in AZ, add 7.5% of book prices $ _____

Shipping/handling, first book (in 48 states) $ 4.00 $ _____

Call 1-800-260-3622 for international rates

Shipping, each additional book (in 48 states) $ 2.00 $ _____

Total of this order $ _____

☐ Check or money order made payable to **Live & Thrive Press**

☐ VISA ☐ MasterCard

Credit card number _____ Expiration date _____

Signature of cardholder _____

192

Para ordenar este libro "Cómo Vivir y Prosperar en Estados Unidos"

Utilice esta página o haga una copia de esta orden y envíela a:

Haga una copia de esta orden y envíela por fax a: 1-877-499-3975

Live & Thrive Press
P.O. Box 32215
Tucson, AZ 85751-2215

Llame: 1-800-260-3622   Se habla Español

Correo Electrónico: www.HowToLiveAndThrive.com

Nombre _____

Dirección _____

Ciudad _____ Estado _____ código postal _____

Teléfono _____

Correo Electrónico _____

Envíelo a (Si es diferente a la de arriba):

Nombre _____

Dirección _____

Ciudad _____ Estado _____ código postal _____

Teléfono _____

Correo Electrónico _____

Hágale una copia a este formulario de orden y envíe libros a otras direcciones también.

Números de libros ordenados

Cada libro cuando ordene del 1-3 $16.00 $ _____

Cada libro cuando ordene del 4-8 $13.00 $ _____

Impuestos de venta, en AZ, añadir 7.5% del precio del libro $ _____

Envío/proceso del primer libro (en 48 estados) $ 4.00 $ _____
Llame 1-800-260-3622 para Tarifas Internacionales

Envío por cada libro adicional (en 48 estados) $ 2.00 $ _____

Total de esta orden $ _____

☐ Cheque o "Money Order" a nombre de **Live & Thrive Press**

☐ VISA ☐ MasterCard

Fecha de Vencimiento _____

Número de su tarjeta de credito

Firma del Tarjeta-Habiente _____

193

How to order "How to Live & Thrive in the U.S."

Tear out or photocopy this order form and mail to:

Live & Thrive Press
P.O. Box 32215
Tucson, AZ 85751-2215

or fax this order form to: 1-877-499-3975

or call: 1-800-260-3622

or order on website: www.HowToLiveAndThrive.com

Name _____

Address _____

City _____ State _____ ZIP _____

Telephone _____

Email _____

Ship to (if different than above):

Name _____

Address _____

City _____ State _____ ZIP _____

Telephone _____

Email _____

Photocopy this order blank to send books to other addresses.

Number of books ordered

Each book, when ordering 1-3	$16.00	$ _____
Each book, when ordering 4-8	$13.00	$ _____
Sales tax, if in AZ, add 7.5% of book prices		$ _____
Shipping/handling, first book (in 48 states)	$4.00	$ _____
Call 1-800-260-3622 for international rates		
Shipping, each additional book (in 48 states)	$2.00	$ _____

Total of this order $ _____

☐ Check or money order made payable to **Live & Thrive Press**

☐ VISA ☐ MasterCard

Expiration date _____

Credit card number

Signature of cardholder _____

194

Notas/Notes

Notas/Notes